WeightWatchers®

Kreative Küche für jeden Tag

easy cooking

Weight Watchers®

Kreative Küche für jeden Tag

easy cooking

HEYNE

Inhalt

Weight Watchers – das **Erfolgskonzept** 7

Rezepte für 1 Person: **Einsame Spitze** 15

Rezepte für 2 Personen: **Geteilte Freude** ... 49

Rezepte für 4 Personen: **Familienpackung** . 83

Rezepte für viele: **Partyservice** 119

Register:
nach Alphabet, Kategorie und *POINTS*® Wert 151

Impressum 158

Gutschein 159

Weight Watchers blickt in Deutschland auf 35 erfolgreiche Jahre zurück – mehr als 135 000 Teilnehmer besuchen Woche für Woche ein **Weight Watchers** Treffen. **Weight Watchers** wurde 1970 in Düsseldorf gegründet – bis heute wurden mehr als 25 Millionen Kilo abgenommen.

Weight Watchers – das Erfolgskonzept

Das zielsichere Erfolgsrezept des **Weight Watchers** Konzeptes: Die Ernährungsprogramme sind immer auf dem neuesten Stand der Wissenschaft und entsprechen den Empfehlungen der Deutschen Gesellschaft für Ernährung (DGE). Mit **Weight Watchers** können Sie Ihr Gewicht auf gesunde Weise reduzieren und halten – und das, ohne auf Genuss zu verzichten.

Möchten Sie mehr über das **Weight Watchers** Erfolgskonzept erfahren? Auf den nächsten Seiten wollen wir Sie davon überzeugen, wie gut es funktioniert. Denn »Easy Cooking – Kreative Küche für jeden Tag« heißt erprobte, leicht zuzubereitende Gerichte mit überall erhältlichen Zutaten. Alle Rezepte dieses Buches stammen von erfolgreichen **Weight Watchers** Teilnehmern. Neun von ihnen erzählen in »Easy Cooking« ihre persönliche Erfolgsgeschichte und machen damit Mut für den Weg zum Wunschgewicht.

Wir wünschen Ihnen viel Spaß beim Schmökern, Kochen und Genießen!

Ihr **Weight Watchers** Team

Das *POINTS®* System

– das erfolgreichste *Weight Watchers* Konzept aller Zeiten

Mit dem Programm »Points Plan« startete **Weight Watchers** ins neue Jahrtausend. Das erfolgreiche *POINTS®* System bietet seither ein Maximum an Flexibilität und Alltagstauglichkeit. Jedem Lebensmittel wird entsprechend seinem Kalorien- und Fettgehalt sowie seinem Gesundheitswert ein *POINTS®* Wert zugeordnet. Täglich haben Sie eine bestimmte *POINTS®* Zahl zur Verfügung, die sich nach Ihrem individuellen Energiebedarf richtet.

Weight Watchers – das Konzept mit den vier Erfolgssäulen

Das *Weight Watchers* Treffen

Im **Weight Watchers** Treffen werden Sie gleich dreifach motiviert – von Ihrer LeiterIn, den Tipps der anderen Teilnehmer und bald auch von Ihrem persönlichen Fortschritt. Jeder, der selbst schon mal versucht hat abzunehmen, weiß: Gemeinsam geht es leichter! Kommen Sie zu einer Schnupperstunde und schauen Sie sich in Ruhe um: Einfach Gutschein auf Seite 159 ausschneiden und im **Weight Watchers** Treffen abgeben. **Weight Watchers** Treffen finden auch in Ihrer Nähe statt! Nähere Informationen unter: 018 02. 23 45 64 (nur € 0,06 pro Gespräch) oder www.weightwatchers.de

Ernährung – mit vollem Genuss zum Wunschgewicht

Sie haben Appetit auf ein saftiges Steak? Oder bevorzugen Sie eine große Portion Pasta oder Kartoffeln? Das entscheiden Sie, denn das *POINTS*® System passt sich einfach und flexibel Ihrem Lebensstil an. Dabei kommen natürlich auch die Freuden des Alltags nicht zu kurz – genießen Sie Restaurantbesuche oder Einladungen und sparen Sie dafür flexibel *POINTS*® Werte ein.

Bewegung – verdienen Sie sich einen *POINTS*® Bonus

Sie möchten schon lange mehr Schwung in Ihr Leben bringen? Mit den individuellen Trainingsplänen von **Weight Watchers** schaffen Sie es, diesen guten Vorsatz in die Tat umzusetzen! Bewegung steigert nicht nur Ihr Wohlbefinden, sondern unterstützt auch Ihre Abnahme positiv. Ein aktiver Lebensstil ist übrigens auch eine wichtige Grundvoraussetzung dafür, das Gewicht nach der Abnahme langfristig zu halten. Mit Bewegung können Sie sich einen *POINTS*® Bonus verdienen, z. B. mit 30 Minuten Schwimmen den *POINTS*® Bonus 4. Damit können Sie sich den Nachmittag z. B. mit einem Stück Obstkuchen versüßen.

Verhalten – so meistern Sie jede Herausforderung

Bei Einladungen mit großem Buffet passiert es Ihnen manchmal, dass Sie mehr essen als Sie wollen? **Weight Watchers** vermittelt Ihnen Strategien, mit denen Sie alte Gewohnheiten ändern und somit alle Herausforderungen der Abnahme erfolgreich meistern können. Eine davon ist das »Mentale Training«. Damit können Sie z. B. eine Einladung vorher gedanklich proben, damit Sie im »Ernstfall« wirklich nur das vom Buffet wählen, was Sie sich vorgenommen haben.

Die *Weight Watchers* Erfolgsstufen für ein schlankes Leben

Abnehmen ist nur die eine Sache auf dem Weg in ein schlankes Leben. Deswegen schließt sich bei **Weight Watchers** an die Abnahmephase die so genannte Gewichtserhaltungsphase »Erfolgreich bleiben« an. In diesen sechs Wochen legen Sie den Grundstein für den langfristigen Erhalt Ihres Wunschgewichtes. Ziel dieser Phase ist, die tägliche ***POINTS***® Zahl ständig zu erhöhen, um den individuellen Bedarf zu bestimmen. Schritt für Schritt wird das Gewicht stabilisiert, so dass der Jo-Jo-Effekt keine Chance hat.

Anschließend stehen die Zeichen auf Gold: die **Weight Watchers** Gold Mitgliedschaft wartet auf alle Teilnehmer, die ein Wunschgewicht innerhalb der **Weight Watchers** Gewichtsspanne im gesunden BMI-Bereich (Body Mass Index) erreicht haben. Als Gold Mitglied gehören Sie zu einer besonderen Gruppe von **Weight Watchers** Teilnehmern und genießen viele Privilegien. Sie können jederzeit kostenlos ein Treffen besuchen, sofern Sie nicht mehr als 2 kg über Ihrem Wunschgewicht liegen. Für jedes Jahr, in dem Sie Ihr Gewicht halten, wird die Gold Mitgliedschaft um ein weiteres Jahr verlängert.

Weight Watchers Gesundheitshinweise
Das **Weight Watchers** Ernährungskonzept ist nicht dazu geeignet, Krankheiten zu erkennen, zu verhüten, zu lindern oder zu beseitigen. Insbesondere bewirkt es auch keine Heilung von krankhaftem Übergewicht. Es trägt lediglich zur Gesundhaltung im Rahmen einer ausgewogenen Ernährungs- und Lebensweise bei.

Bleiben Sie gesund und fit!

Die sechs Fit Formeln von **Weight Watchers** schaffen die besten Voraussetzungen für eine gesunde und erfolgreiche Abnahme. Nutzen auch Sie die Fit Formeln für einen gesunden Lebensstil und bleiben Sie so fit und leistungsfähig!

5 am Tag – 5 x Obst und Gemüse
Bei Obst und Gemüse können Sie genussvoll zugreifen und gleichzeitig etwas für Ihre Gesundheit tun. Essen Sie mindestens 5 x am Tag Obst und Gemüse – je häufiger, desto besser! Die enthaltenen Vitamine, Mineralstoffe und sekundären Pflanzenstoffe sorgen dafür, dass Sie fit bleiben – besonders während der Abnahme. Das Beste daran ist: Die meisten Obst- und Gemüsesorten können Sie für den ***POINTS***® Wert 0 genießen.

Trinken Sie sich fit!
Wasser ist für unseren Körper lebensnotwendig. Trinken Sie deshalb mindestens 1,5 bis 2 Liter täglich – besonders empfehlenswert sind Wasser, Fruchtsaftschorlen sowie ungesüßte Kräuter- und Früchtetees.

Fett – treffen Sie die richtige Wahl
Fett ist lebensnotwendig für uns. Bevorzugen Sie pflanzliche Fette, sie versorgen uns mit lebenswichtigen Fettsäuren und Vitamin E. Bereiten Sie deshalb z. B. Salat oder Gemüse mit wertvollem Raps- oder Olivenöl zu oder verfeinern Sie Gerichte mit Pinienkernen.

Kalzium – wichtig für Knochen und Zähne
Greifen Sie mindestens zweimal täglich zu kalziumreichen Lebensmitteln, um Ihr Kalzium-Konto zu füllen. Viel Kalzium steckt in fettarmer Milch oder Milchprodukten wie Käse oder Joghurt sowie Gemüsesorten wie Broccoli oder Lauch.

Die Abwechslung macht's
Bringen Sie Abwechslung auf Ihren Teller – viele Anregungen dazu finden Sie in diesem Buch! Probieren Sie auch mal ein Rezept mit neuen Zutaten aus und lassen Sie sich auf ungewöhnliche Geschmackserlebnisse ein.

Bewegung macht fit und flexibel
Bewegung wirkt sich positiv auf Ihre Gesundheit, Ihr Wohlbefinden und Ihre Abnahme aus. Auch kleine Aktivitäten bringen schon was – steigen Sie öfter mal Treppen, anstatt bequem den Aufzug oder die Rolltreppe zu benutzen.

Easy Cooking für 1 Person

POINTS® Wert 20

Frühstück

1 Scheibe Vollkornbrot mit 1 TL Margarine bestreichen und mit 1 Scheibe fettarmem Käse belegen. 1/2 Paprika in Streifen darauf verteilen.
Dazu 1 Apfel.

Leichte Mahlzeit

Erdnuss-Karotten-Suppe (Seite 19)
Dazu 2 Scheiben Vollkornknäckebrot.

Hauptmahlzeit

Überbackene Enchilada mit Salat (Seite 17)

Snack

250 g Fruchtjoghurt, 0,1% Fett,
und 1 Kiwi

Tipp: Weitere Rezepte für 1 Person finden Sie im Kapitel »Einsame Spitze« ab Seite 15.

Easy Cooking – für jede Gelegenheit

Damit Sie sehen, wie flexibel sich das *POINTS*® System Ihrer jeweiligen Tagesplanung anpasst, haben wir die Rezepte in diesem Buch nach Anlässen geordnet: Egal, ob Sie einen genussvollen Tag für sich planen, Ihren Partner oder einen besonderen Gast verwöhnen möchten, für Ihre Familie kochen oder eine Party feiern – »Easy Cooking« hält für alle Gelegenheiten köstliche Ideen für Sie bereit. Als Anregung haben wir Ihnen einige Vorschläge für verschiedene Anlässe zusammengestellt.
Wenn Sie Appetit auf ein bestimmtes Gericht haben – zum Beispiel Nudeln, Fleisch, Salat oder Dessert –, dann schlagen Sie doch einfach in dem nach Kategorien geordneten Register auf S. 154 nach.

Easy Cooking für 2 Personen

Pro Person: *POINTS*® Wert 20

Frühstück für zwei

2 Vollkornbrötchen halbieren, jede Hälfte mit je 1 EL Kräuterfrischkäse, bis 4% Fett absolut, bestreichen. Zwei Hälften mit je 1 Scheibe gekochtem Schinken, die anderen Hälften mit Radieschenscheiben belegen. Dazu Latte Macchiato aus je 250 ml entrahmter Milch und 1 Espresso.

Mittagessen für zwei

Einen bunten Salat mit 4 EL Mais (Konserve), Tomaten, Paprika, Pilzen und Gurken zubereiten. Für das Dressing 2 TL Pflanzenöl, Essig, Salz, Pfeffer und frisch gehackte Kräuter verrühren. Dazu pro Person 2 Scheiben Vollkornknäckebrot und als Dessert 250 g Fruchtjoghurt, 0,1% Fett.

Verwöhnmenü am Abend

Zucchini-Salbei-Suppe (Seite 79)
Penne mit Chili-Garnelen (Seite 55)
Für das Dessert einen bunten Obstsalat aus 1 Apfel, 1 Birne, 1 Kiwi, 1 Papaya und 1 Stück Honigmelone zubereiten, mit Zitronensaft und 1 TL Vanillezucker abschmecken. Dazu ein Cappuccino mit aufgeschäumter Milch.

Snack

Gemüsesticks, z. B. aus Karotten, Kohlrabi, Paprika

Tipp: Sie suchen weitere Anregungen für ein Verwöhnmenü? Blättern Sie in das Kapitel »Geteilte Freude« ab Seite 49.

Easy Cooking für 4 Personen

Pro Person: ***POINTS***® Wert 20

Frühstück für vier

4 Scheiben Vollkorntoast mit 4 TL Halbfettmargarine und 4 TL Honig oder Marmelade bestreichen. Dazu Müsli: 16 EL ungesüßtes Müsli mit klein geschnittenem Obst (z. B. Äpfel, Kiwis, Erdbeeren, Birnen) mischen. Pro Person 150 g Magermilch-Joghurt dazu geben. Nach Wunsch mit Süßstoff abschmecken.

Mittagessen

Würstchenpfanne (Seite 88)
Dazu ein bunter Salat mit einem Dressing aus 1 TL Pflanzenöl, 3 EL Wasser und 1 Päckchen Fix für Salatsauce

Das schmeckt am Abend

Tortellini-Salat (Seite 110)
Dazu pro Person 1 Scheibe Vollkornknäckebrot.

Snack

Genießen Sie pro Person 2 Kugeln Fruchteis.

Tipp: Im Kapitel »Familienpackung« ab Seite 83 warten weitere Ideen für die Familienküche auf Sie.

Easy Cooking für einen Party-Tag

Pro Person: ***POINTS***® Wert 20

Sie haben am Abend zu einer Party eingeladen? Mit diesem Erfolgstag können Sie tagsüber ***POINTS***® Werte sparen, damit Sie sich einen genussvollen Abend machen können.

Frühstück

Obstsalat aus 1 Hand voll Erdbeeren, 1 Stück Melone, 1 Apfel und 1 Kiwi mit 150 g Magermilch-Joghurt. Dazu 1 Latte Macchiato aus 250 ml fettarmer Milch und 1 Espresso.

Mittagessen

Gemüsesuppe aus 250 ml Gemüsebrühe (1 TL Instant), 1 gelben Paprika, 1 kleinen Zucchini, 1 Tomate, 1 Karotte und 1/2 Stange Lauch kochen. Mit Salz, Pfeffer und 1 EL frisch gehacktem Basilikum abschmecken. Dazu 1 Vollkornbrötchen mit 1 TL Halbfettmargarine bestreichen.

Tipp: Was tun, wenn zwischendurch der kleine Hunger kommt? Trinken Sie ein Glas Wasser, das stillt den ersten Hunger.

Partybuffet am Abend

Für den Abend haben Sie den ***POINTS***® Wert 13 übrig. Sie entscheiden, was Sie dafür genießen möchten, z. B. jeweils eine Portion von:
Tomaten-Paprika-Cremesuppe (Seite 128)
Kartoffelsalat à la Mama (Seite 144)
Geflügel-Frikadellen (Seite 123)
Pizza-Brötchen (Seite 125)
Joghurtcreme mit Beerenkompott (Seite 133)
1 Glas trockenen Wein oder 1 kleines Glas Bier

Snack

1 Glas Buttermilch oder 1 Cappuccino mit 3 Butterkeksen
Essen Sie Obst und Gemüse als Snack. Hier können Sie immer dann zugreifen, wenn Sie Hunger haben – bei den meisten Sorten sogar für den ***POINTS***® Wert 0.

Tipps: Weitere Rezepte für Ihre Feiern finden Sie ab S. 119 im Kapitel »Partyservice«. Verdienen Sie sich durch Bewegung einen ***POINTS***® Bonus dazu! Sie walken gern? Walken Sie zweimal für 30 Minuten los und freuen Sie sich anschließend über den ***POINTS***® Bonus 4, den Sie bei der Party z. B. für 2 Scheiben Baguette mit 2 TL Kräuterbutter nutzen können.

Einsame Spitze

Ob Enchiladas, feine Karotten-Suppe oder Pasta – in diesem Kapitel finden Sie die beliebtesten Rezepte für 1 Person. Die Rezepte machen Lust & Laune, für sich selbst so richtig gut zu sorgen und sind schnell und einfach zuzubereiten. Mit raffinierten Zutaten können Sie sich mit klassischen, modernen oder ausgefallenen Gerichten verwöhnen. Sie entscheiden, wonach Ihnen der Sinn steht.

Überbackene Enchilada mit Salat

Für 1 Person:
3 grüne eingelegte Peperoni
1 TL Pflanzenöl
60 g Tatar
2 EL Mais (Konserve)
2 EL Erbsen (TK)
200 g Pizzatomaten (Konserve)
1 EL Taco/Enchilada Gewürzmischung
1/2 Gurke
1/4 Eisbergsalat
1/2 Zwiebel
1 Tomate
1/2 Beutel Fix für Salat
2 EL Saure Sahne
4 EL Mineralwasser
1 Tortillafladen (45 g)
1 EL geriebener Käse, 30% Fett i.Tr.
Paprikapulver

1. 2 Peperoni in Ringe schneiden. Öl in einer beschichteten Pfanne erhitzen, Tatar darin knusprig braten. Peperoni, Mais, Erbsen und Pizzatomaten zufügen, Gewürzmischung einrühren und alles ca. 15–20 Minuten schmoren lassen.
2. Gurke entkernen, in Scheiben schneiden , Salat in mundgerechte Stücke zupfen, Zwiebel fein hacken und Tomate in Viertel schneiden. Fix für Salat mit 1 Esslöffel Saurer Sahne und Wasser verrühren und mit den Salatzutaten vermischen.
3. Tortillafladen nach Packungsanweisung erwärmen. Gemüse-Tatar-Mischung darauf geben, zusammenrollen, mit Käse bestreuen und im Backofen bei 200°C (Gas: Stufe 3, Umluft: 180°C) auf mittlerer Schiene backen, bis der Käse leicht geschmolzen ist. Enchilada mit Peperoni garnieren, mit Paprika bestäuben und mit restlicher Saurer Sahne und Salat servieren.

Zubereitungszeit: ca. 20 Minuten
Garzeit: ca. 30 Minuten
Pro Person: *POINTS*® Wert 7

Rezept: Marion K., Oberkrämer

Tipp:
Der Tex-Mex-Klassiker
Statt Tatar schmeckt die Enchilada auch mit Hähnchenbrustfiletstreifen.

Bulgur-Tatar-Küchle

Für 1 Person:
50 ml Gemüsebrühe
(1/4 TL Instant)
20 g trockener Bulgur
1 kleine Zwiebel
90 g Tatar
1 Ei
2 EL geriebener Käse,
30% Fett i.Tr.
2 EL gemischte,
gehackte Kräuter (z. B.
Schnittlauch, Oregano,
Petersilie)
Salz
Pfeffer
4 Tomaten
1 Frühlingszwiebel
1/4 TL Senf
1 Msp. Tomatenmark
1 EL Zitronensaft
1 Prise Zucker

1. 30 ml Brühe zum Kochen bringen, Bulgur damit übergießen, nach Packungsanweisung ausquellen und etwas abkühlen lassen. Zwiebel fein hacken, mit Tatar, Ei, Käse und Kräutern verrühren und mit Salz und Pfeffer würzen. Masse mit gegartem Bulgur verrühren.
2. Tomaten in Scheiben, Frühlingszwiebel in feine Ringe schneiden. Restliche Brühe, Senf, Tomatenmark, Zitronensaft und Zucker verrühren, mit Salz und Pfeffer abschmecken und mit Tomaten und Frühlingszwiebelringen vermischen.
3. Bratfolie in einer Pfanne erhitzen. Jeweils 2–3 Esslöffel Bulgur-Tatar-Masse mit einem Löffel in die Pfanne geben, zu kleinen Küchlein platt drücken und rundherum goldgelb braten. Bulgur-Tatar-Küchle mit Tomatensalat servieren.

Zubereitungszeit: ca. 20 Minuten
Garzeit: ca. 30 Minuten
Pro Person: ***POINTS***® Wert 5,5

5,5 POINTS WERT®

Rezept: Barbara Luise S., Waiblingen

Tipp:

Frikadellen mal anders. Bulgur gehört seit Jahrhunderten zu den Grundnahrungsmitteln des Nahen und Mittleren Ostens. Bei der Herstellung werden Weizenkörner vorgegart, anschließend getrocknet und zerkleinert. Durch das Vorgaren ist Bulgur besonders schnell zubereitet – einfach mit kochender Flüssigkeit begießen, ausquellen lassen und fertig. Bulgur ist besonders vielseitig und schmeckt als Beilage zu Fleisch, Geflügel, Gemüse oder Fisch, als Suppeneinlage oder im Salat.

Erdnuss-Karotten-Suppe

Für 1 Person:
1 kleine Zwiebel
400 g Karotten
500 ml Geflügelfond (Glas)
40 g trockener 10-Minuten-Reis
1 EL Erdnusscreme
1/4 TL Cayennepfeffer
Salz
Pfeffer

1. Zwiebel hacken, Karotten klein schneiden, zusammen mit Fond in einen Topf geben, erhitzen und ca. 15–20 Minuten köcheln lassen.
2. Suppe pürieren, Reis zufügen und in der Suppe ca. 10 Minuten garen. Erdnusscreme einrühren und Suppe mit Cayennepfeffer, Salz und Pfeffer abschmecken.

Zubereitungszeit: ca. 10 Minuten
Garzeit: ca. 30 Minuten
Pro Person: *POINTS*® Wert 5

Rezept: Eva-Maria G., Essen

Nudelpfanne mit Spinat

Für 1 Person:
120 g Spinat (TK)
1 kleine Zwiebel
1 Knoblauchzehe
1 Ei
2 EL fettarme Milch
Salz
Pfeffer
geriebene Muskatnuss
2 Tomaten
1 Frühlingszwiebel
60 g Tatar
120 g gegarte Hörnchenvollkornnudeln
1 EL geriebener Käse, 30% Fett i.Tr.
2 TL Schnittlauchringe

1. Spinat auftauen lassen. Zwiebel und Knoblauch fein hacken. Ei und Milch verquirlen und mit Salz, Pfeffer und Muskatnuss würzen. Tomaten würfeln, Frühlingszwiebel in Ringe schneiden.
2. Tatar fettfrei in einer Pfanne anbraten, Zwiebel, Knoblauch und Frühlingszwiebel zufügen und mit anbraten. Nudeln, Tomaten und Spinat zufügen, untermengen und mit Salz und Pfeffer würzen. Eiermilch angießen, Käse darüber streuen und bei mittlerer Hitze ca. 15 Minuten garen. Nudelpfanne mit Schnittlauch bestreut servieren.

Zubereitungszeit: ca. 20 Minuten
Garzeit: ca. 20 Minuten
Pro Person: *POINTS*® Wert 5,5

Rezept: Manuela P., Zwickau

Versuchung in Rot

Rebecca
Alter: 25 Jahre
Abnahme: 15 Kilo

In Rebeccas Kleiderschrank hängt ein knallroter Hosenanzug. Als sie das auffällige Stück im Laden entdeckte, war es Liebe auf den ersten Blick. Doch bevor er perfekt passte, mussten noch ein paar Kilos weg. Jetzt sind sie verschwunden und Rebecca macht nicht nur in ihrem Anzug eine tolle Figur.

»Zu Hause gab es gute Hausmannskost und ich war schon als Kind pummelig«, blickt sie zurück. Als sie schließlich über 80 Kilo wiegt, entschließt sie sich, zu **Weight Watchers** zu gehen. Neben einer gesunden Ernährung brachte das regelmäßige Fitnesstraining zusätzliche Erfolge. Als Rebecca sah, wie der Sport ihren Körper formte, stachelte sie das an, nach einer Abnahmepause noch mehr für ihre Figur zu tun. Gemeinsam mit einer Arbeitskollegin ging sie erneut zu **Weight Watchers**. »Dieser Anlauf war zunächst enttäuschend«, blickt Rebecca zurück. »Doch die Leiterin und meine Kollegin haben mich sehr unterstützt.« Nach der anfänglichen Durststrecke gerieten die Ziffern auf der Waage dann doch in Bewegung. Als sie erstmals auf äußerliche Veränderungen angesprochen wurde, wusste sie, dass sich ihre Geduld ausgezahlt hatte.

Das **Weight Watchers** Ernährungskonzept kommt Rebecca sehr entgegen. »Ich esse zu gern«, lacht die junge Frau, »darum ist es für mich wichtig, dass ich mich nicht einschränken muss.« Mit **Weight Watchers** hat eine neue Vielfalt in Rebeccas Küche Einzug gehalten. Sie probiert regelmäßig Rezepte aus: »Viel Gemüse und reichlich frische Kräuter und Gewürze gehören für mich nun einfach dazu«, berichtet sie.

Mie-Nudel-Pfanne

Für 1 Person:
1 kleine Zwiebel
150 g Mangoldblätter
1 Karotte
100 g Kohlrabi
60 g Putenbrustfilet
Salz, Pfeffer
40 g Mie-Nudeln
(chinesische Nudeln)
1 TL Pflanzenöl
Currypulver
Paprikapulver
1 Prise Zucker
1 Ei

1. Zwiebel fein hacken, Mangoldblätter von den harten Stielen befreien und in Streifen schneiden, Karotte und Kohlrabi würfeln, Putenbrust in Streifen schneiden und mit Salz und Pfeffer würzen.
2. Nudeln nach Packungsanweisung mit kochendem Wasser überbrühen und ca. 5 Minuten ziehen lassen. Öl in einer Pfanne erhitzen, Fleisch darin anbraten, Zwiebelwürfel und Gemüse zugeben und unter Rühren ca. 5 Minuten braten. Nudeln abtropfen lassen, untermischen und alles mit Salz, Pfeffer, Curry, Paprika und Zucker abschmecken.
3. Ei verquirlen, mit Salz, Pfeffer, Curry und Paprika würzen, über die Nudelpfanne geben, unterheben und ca. 4 Minuten stocken lassen.

Zubereitungszeit: ca. 20 Minuten
Garzeit: ca. 15 Minuten
Pro Person: *POINTS*® Wert 6

6 POINTS WERT

Rezept: Rebecca R., Gelsenkirchen

Tipp:

Die Mie-Nudel-Pfanne schmeckt auch sehr gut ohne Fleisch. Sie sparen dann den ***POINTS***® Wert 1.

Bürosalat

Für 1 Person:

230 g Champignonköpfe (Konserve)
100 g Spargel (Konserve)
2 Scheiben gekochter Schinken, ohne Fett
2 Frühlingszwiebeln
6 EL Saure Sahne
1/2 TL Senf
1 Prise Zucker
Salz
schwarzer Pfeffer aus der Mühle
1 TL Schnittlauchringe
1 TL Kresse
1 TL gehackte Petersilie
1 Vollkornbrötchen

1. Champignons halbieren, Spargel in Stücke schneiden, Schinken würfeln. Frühlingszwiebeln in Ringe schneiden. Saure Sahne mit Senf verrühren, mit Zucker, Salz und Pfeffer abschmecken und Kräuter unterheben.
2. Alle Zutaten vermischen, mit Salz und Pfeffer abschmecken und Salat gut verpackt transportieren. Mit Vollkornbrötchen servieren.

Zubereitungszeit: ca. 10 Minuten
Pro Person: *POINTS*® Wert 7

Rezept: Ellen D., Hünxe

Schnelles Hühnerfrikassee

Für 1 Person:

120 g Hähnchenbrustfilet
150 ml Gemüsebrühe (1 TL Instant)
150 g Champignonköpfe (Konserve)
2 EL Erbsen (Konserve)
150 g junge Möhren (Konserve)
1/2 Packung **Weight Watchers** Sauce Hollandaise
100 ml Wasser
Salz
Pfeffer
Zitronensaft
120 g gegarter Basmati-Reis

1. Hähnchenbrust in der Brühe ca. 15 Minuten kochen. Fleisch herausnehmen und klein schneiden. Champignons und Gemüse abtropfen lassen, Champignons halbieren.
2. Sauce Hollandaise nach Packungsanweisung mit 100 ml Wasser zubereiten, Gemüse in der Sauce erwärmen und Hähnchenfleisch zugeben. Frikassee mit Salz, Pfeffer und Zitronensaft abschmecken und mit Basmati-Reis servieren.

Zubereitungszeit: ca. 10 Minuten
Garzeit: ca. 20 Minuten
Pro Person: *POINTS*® Wert 6,5

Rezept: Elke M., Gelsenkirchen

Champignons »Barcelona«

Für 1 Person:
400 g Kartoffeln
2 TL Olivenöl
1/4 TL Paprikapulver
grobes Meersalz
400 g Champignons
Salz
1 Knoblauchzehe
2 EL gehackte Petersilie
schwarzer Pfeffer aus der Mühle

1. Kartoffeln schälen, in Spalten schneiden und in einer Schüssel mit 1 Teelöffel Öl und Paprikapulver vermischen. Kartoffeln auf ein mit Backfolie ausgelegtes Backblech setzen, mit Meersalz bestreuen und im vorgeheizten Backofen bei 220°C (Gas: Stufe 4, Umluft: 200°C) auf mittlerer Schiene ca. 30 Minuten backen.
2. Champignons vierteln, in einer Pfanne bei geringer Hitze fettfrei erhitzen, mit Salz bestreuen und ca. 5 Minuten garen lassen. Knoblauch zerdrücken, zufügen, Petersilie unterheben, mit restlichem Olivenöl beträufeln und mit Pfeffer abschmecken. Champignons mit Kartoffelspalten servieren.

Zubereitungszeit: ca. 15 Minuten
Backzeit: ca. 30 Minuten
Garzeit: ca. 8 Minuten
Pro Person: *POINTS*® Wert 4

4 POINTS WERT

Tipp: Dazu schmeckt ein Dip aus 75 g Magermilch-Joghurt, 1 EL Saurer Sahne, 1 TL Senf, 1 TL Honig, Salz, Pfeffer und Paprikapulver. Berechnen Sie dafür den ***POINTS***® Wert 1 zusätzlich.

Rezept: Heike H., Andernach

Chickenburger

Für 1 Person:
1/2 Zwiebel
60 g Geflügelhackfleisch
1 Eiweiß
Senf
1 EL Paniermehl
Salz
Pfeffer
Paprikapulver
2 TL Mayonnaise, 20% Fett
1 EL fettarmer Joghurt
1/4 TL Honig
1 TL Pflanzenöl
1/4 Gurke
2 Tomaten
1 Vollkornbrötchen
2 Salatblätter
1 TL Ketchup

1. Zwiebel fein hacken, mit Hackfleisch, Eiweiß, 1/4 Teelöffel Senf und Paniermehl verkneten und mit Salz, Pfeffer und Paprikapulver würzen.
2. Mayonnaise mit Joghurt, 1/4 Teelöffel Senf und Honig verrühren und mit Salz und Pfeffer abschmecken. Aus der Putenmasse einen Burger formen und in einer beschichteten Pfanne in erhitztem Öl von jeder Seite ca. 5 Minuten braten.
3. Gurke und Tomaten in Scheiben schneiden. Brötchen aufschneiden, mit der Mayonnaisecreme bestreichen, 1 Salatblatt, Gurken- und Tomatenscheiben auflegen, Burger darauf setzen, Ketchup darauf geben, restliches Salatblatt, Tomaten- und Gurkenscheiben auflegen, Brötchendeckel aufsetzen und servieren.

Zubereitungszeit: ca. 15 Minuten
Garzeit: ca. 10 Minuten
Pro Person: *POINTS*® Wert 5,5

5,5 POINTS WERT ®

Rezept: Barbara B., Hitzacker

Tipp: Dazu schmeckt ein Salat für den ***POINTS***® Wert 0:
1/4 Kopfsalat in Stücke zupfen, 1 Karotte raspeln, 2 Tomaten in Spalten schneiden, 1 Frühlingszwiebel in Ringe schneiden. Für das Dressing 1 EL fettarmen Joghurt mit 3 EL Gemüsebrühe (1 Prise Instant), 1/4 TL Senf und 1/4 TL Honig, 1 Spritzer Worcestersauce und 1 EL hellen Balsamicoessig verrühren, mit dem Salat vermischen und servieren.

Paprika-Gemüse mit Krabben

Für 1 Person:

- 1 Zwiebel
- je 1 rote und gelbe Paprikaschote
- 2 Knoblauchzehen
- 1 TL Olivenöl
- 50 ml trockener Weißwein
- 150 g Krabben
- 1 TL gehackte Petersilie
- 1 TL gehacktes Basilikum
- Salz
- Pfeffer
- 1 Scheibe Vollkorntoast

1. Zwiebel fein würfeln, Paprika in Streifen schneiden, Knoblauch zerdrücken.
2. Öl in einer beschichteten Pfanne erhitzen, Zwiebel und Knoblauch darin glasig dünsten, Paprikastreifen zufügen und alles mit geschlossenem Deckel ca. 5 Minuten garen lassen.
3. Weißwein und Krabben zufügen und ca. 4 Minuten weiterdünsten. Kräuter unterheben und mit Salz und Pfeffer abschmecken. Brot toasten und zum Paprika-Gemüse servieren.

Zubereitungszeit: ca. 10 Minuten
Garzeit: ca. 12 Minuten
Pro Person: *POINTS*® Wert 5,5

Rezept: Petra L., Eichenau

Für 1 Person:
40 g trockener
Jasmin-Reis
Salz
120 g Hähnchenbrustfilet
2 kleine Zucchini
1 TL Pflanzenöl
1 EL Sojasauce
grober bunter Pfeffer
1/2 Knoblauchzehe
2 EL Gemüsebrühe
(1 Prise Instant)
1 TL Mandelstifte
1 EL gehackte Petersilie

Hähnchen-Zucchini-Pfanne mit Reis

1. Reis nach Packungsanweisung in Salzwasser garen. Hähnchenbrust würfeln und Zucchini raspeln.
2. Öl in einer beschichteten Pfanne erhitzen, Hähnchenwürfel darin rundherum anbraten und mit Sojasauce und Pfeffer abschmecken. Knoblauch zerdrücken, mit Zucchiniraspeln zufügen, weiter braten, mit Brühe ablöschen und nochmals mit Sojasauce und Pfeffer abschmecken.
3. Mandelstifte fettfrei rösten. Hähnchen-Zucchini-Pfanne mit Jasmin-Reis anrichten und mit Petersilie und Mandeln bestreut servieren.

Zubereitungszeit: ca. 15 Minuten
Garzeit: ca. 20 Minuten
Pro Person: *POINTS*® Wert 6

6 POINTS WERT

Rezept: Gabriele M., Essen-Kettwig

Anne-Kristin
Alter: 26 Jahre
Abnahme: 13 Kilo

Anne-Kristin war nie wirklich übergewichtig, aber wohl gefühlt hat sie sich nicht. Die Kinderkrankenschwester mit Schichtdienst dachte, dass mit ihrem Beruf regelmäßiges Kochen und eine gesunde Ernährung gar nicht möglich seien. Zuerst versuchte sie, allein mit den überflüssigen Pfunden fertig zu werden, schließlich ging sie mit einer Kollegin zu **Weight Watchers**.

»Meine Abnahme hat sehr gut geklappt«, erzählt die hübsche junge Frau. Mittlerweile hat sie weitere Arbeitskolleginnen angesteckt, mit denen sie die **Weight Watchers** Treffen besucht. »Sogar unsere Ärzte wissen, was ***POINTS***® Werte sind«, sagt sie lachend und fährt fort: »Auf unserer Station lautet das Motto für zwischendurch jetzt ›klein geschnittenes Obst statt Schokolade‹, außerdem kocht beim Spätdienst jeder mal für jeden.«

Mein Sommertraum

Auch der Alltag der Kinderkrankenschwester hat sich mit **Weight Watchers** geändert: »Früher habe ich selten für mich gekocht, jetzt koche ich täglich mit viel Gemüse und Fisch. Ich habe mir alle **Weight Watchers** Kochbücher gekauft und probiere immer wieder was Neues aus und esse vor allem regelmäßig. Ich genieße es jetzt richtig, die Kleidung zu tragen, die mir gefällt und nicht die, die kaschiert. Mit der Abnahme habe ich mir außerdem meinen Traum erfüllt und zum ersten Mal in meinem Leben einen Bikini getragen – er ist rosa und mein ganzer Stolz!«, schwärmt Anne-Kristin, die ihr nächstes Ziel fast schon erreicht hat – die **Weight Watchers** Gold Mitgliedschaft.

Cappuccino-Creme

Anne-Kristins Erfolgsrezept

1. Quark mit Joghurt und Cappuccinopulver verrühren und mit Süßstoff abschmecken. Cremefine steif schlagen und unterheben.
2. 1 Keks beiseite legen, restliche Amarettikekse zerbröseln und locker unter die Creme heben. Masse in ein Glas füllen, mit restlichem Keks und Zitronenthymian garniert servieren.

Zubereitungszeit: ca. 15 Minuten
Pro Person: ***POINTS***® Wert 5,5

Rezept: Anne-Kristin S., Betheln

Für 1 Person:
3 EL Magerquark
60 g fettarmer Joghurt
1/2 Tassenportion Cappuccinopulver (Instant mit Zucker)
einige Tropfen Süßstoff
60 ml Cremefine zum Schlagen (z. B. von Rama)
10 kleine Amarettikekse
Zitronenthymian zum Garnieren

Für 1 Person:
250 g passierte Tomaten (Konserve)
1 EL Sauerrahm (Schmand)
1 TL Gemüsebrühepulver
1/2 TL Honig
1 TL gehacktes Basilikum
1 TL Oreganoblättchen
Salz
Pfeffer
1 TL Olivenöl
240 g Artischockenherzen (in Wasser eingelegt, Konserve)
2 Scheiben Lachsschinken
2 Scheiben Käse, 20–25% Fett i.Tr.
1 Ecke Fladenbrot (50 g)

1. Passierte Tomaten mit Sauerrahm, Gemüsebrühepulver, Honig und Kräutern verrühren und mit Salz und Pfeffer abschmecken. Eine Auflaufform (ca. 15 x 25 cm) mit Öl einpinseln, Tomatensauce einfüllen, Artischockenherzen abtropfen lassen, vierteln und auf der Sauce verteilen.
2. Schinken würfeln und Käse in Streifen schneiden. Schinkenwürfel auf der Sauce verteilen und mit Käsestreifen belegen. Im vorgeheizten Backofen auf mittlerer Schiene bei 180°C (Gas: Stufe 2, Umluft: 160°C) ca. 30 Minuten überbacken und mit Fladenbrot servieren.

Zubereitungszeit: ca. 15 Minuten
Garzeit: ca. 30 Minuten
Pro Person: *POINTS®* Wert 7,5

7,5 POINTS WERT

Katja K., Paderborn

Artischocken in Tomatensauce

Tipp:

Statt Artischocken schmecken auch Zucchini oder Auberginen.

Puten-Tortilla

Für 1 Person:
60 g Putenbrustfilet
2 große Champignons
1 Pfefferschote
je 1 gelbe und rote Paprikaschote
1 kleine Zucchini
1 kleine Zwiebel
1 TL Olivenöl
Salz
Pfeffer
Currypulver
1 Tortillafladen (45 g)
einige Salatblätter
1 EL Chilisauce (Fertigprodukt)

1. Putenbrustfilet in Streifen, Champignons und Pfefferschote in Scheiben schneiden, Paprika, Zucchini und Zwiebel fein würfeln. Öl in einer beschichteten Pfanne erhitzen, Putenstreifen und Gemüse darin anbraten und mit Salz, Pfeffer und Curry würzen.
2. Tortillafladen nach Packungsanweisung erwärmen. Salatblätter in Streifen schneiden. Einen Teil der Puten-Gemüse-Mischung auf dem Tortillafladen verteilen, mit Salatstreifen bestreuen und mit Chilisauce und restlicher Puten-Gemüse-Mischung servieren.

Zubereitungszeit: ca. 15 Minuten
Garzeit: ca. 10 Minuten
Pro Person: *POINTS*® Wert 5

5 POINTS WERT ®

Rezept: Birgit B., Ammerland

Zimtnudeln mit Pflaumenkompott

Für 1 Person:
250 g Pflaumen (ersatzweise Konserve ohne Zucker)
50 ml Wasser
1 EL Zucker
1 Tropfen Bourbon-Vanillearoma
1/2 TL Vanillepuddingpulver
100 g Vollkornnudeln
1 Prise Salz
2 TL Halbfettbutter
1/4 TL Zimt
1 TL Sesam

1. Pflaumen entsteinen, in Spalten schneiden und mit 40 ml Wasser, 1 Teelöffel Zucker und Vanillearoma ca. 2 Minuten kochen lassen. Puddingpulver mit 10 ml Wasser anrühren, unter die Pflaumen rühren und einmal aufkochen lassen.
2. Nudeln in kochendem Wasser mit einer Prise Salz nach Packungsanweisung garen. Butter erhitzen, Nudeln abgießen, darin schwenken, mit restlichem Zucker, Zimt und Sesam bestreuen und mit Pflaumenkompott servieren.

Zubereitungszeit: ca. 15 Minuten
Garzeit: ca. 15 Minuten
Pro Person: *POINTS*® Wert 5,5

5,5 POINTS WERT ®

Rezept: Anja J., Steffenberg

Kartoffeln in Kräutersauce

Für 1 Person:

300 g Kartoffeln
25 g Katenschinken (ersatzweise Schinkenspeck)
1 Zwiebel
1 Knoblauchzehe
2 Stangen Lauch
1 Bund gemischte Kräuter (Petersilie, Schnittlauch, Liebstöckel, Basilikum)
1 TL Pflanzenöl
200 ml Gemüsebrühe (1 TL Instant)
1 TL Mehl
1 EL Wasser
3 EL Frischkäse, 30% Fett i.Tr.
1/2 TL Rosmarin
Zitronensaft
Salz
Pfeffer

1. Kartoffeln mit Schale ca. 20 Minuten garen. Schinken, Zwiebel und Knoblauch würfeln, Lauch in Ringe schneiden und Kräuter hacken.
2. Öl in einer beschichteten Pfanne erhitzen, Schinken darin auslassen, Zwiebeln und Knoblauch zufügen und glasig dünsten. Brühe angießen, Mehl mit Wasser anrühren, in die Brühe rühren und einmal aufkochen lassen. Frischkäse einrühren, Lauch zufügen und alles ca. 10 Minuten garen lassen.
3. Kräuter unter die Sauce rühren und mit Rosmarin, Zitronensaft, Salz und Pfeffer abschmecken. Kartoffeln pellen, in Scheiben schneiden, unterheben und servieren.

Zubereitungszeit: ca. 15 Minuten
Garzeit: ca. 25 Minuten
Pro Person: *POINTS*® Wert 5,5

Rezept: Eva-Maria K., Reichenau

Paprika mit Fisch-Reis-Füllung

Für 1 Person:
- 2 Zwiebeln
- 2 Paprikaschoten
- 150 g Seelachsfilet
- 60 g gegarter Reis
- 1 EL Tomatenmark
- 2 TL Kapern
- 2 EL gehackte Petersilie
- Salz
- Pfeffer
- 2 TL Pflanzenöl
- 250 ml Gemüsebrühe (1 TL Instant)
- 3 Tomaten
- 1 TL Crème fraîche

1. Zwiebeln fein würfeln, Paprika quer halbieren. Fischfilet grob würfeln, mit Reis, Tomatenmark, Kapern und 1 Esslöffel Petersilie grob vermischen und mit Salz und Pfeffer würzen. Füllung in die Paprikahälften geben.
2. Öl in einem Topf erhitzen, Zwiebelwürfel darin andünsten und Brühe angießen. Tomaten würfeln und hinzufügen. Paprikahälften hineinsetzen und ca. 25–30 Minuten köcheln lassen.
3. Paprikaschoten herausnehmen, warm stellen. Sauce pürieren, Crème fraîche einrühren und mit Salz und Pfeffer abschmecken. Gefüllte Paprika mit Sauce anrichten und mit restlicher Petersilie bestreut servieren.

Zubereitungszeit: ca. 15 Minuten
Garzeit: ca. 35 Minuten
Pro Person: *POINTS*® Wert 5,5

Monika P., Duisburg

Tipp:

Die pürierte Sauce kann auch als Vorsuppe gegessen werden.

Salsa-Suppe

Für 1 Person:
1 Zwiebel
200 g Tomaten
1 gelbe Paprikaschote
1 TL Pflanzenöl
2 EL Mais (Konserve)
200 ml Gemüsebrühe
(1 TL Instant)
1 TL Thymian
1 TL Oregano
Salz
Pfeffer
Chilipulver

Tipp:

Die Suppe lässt sich auch gut einfrieren und nach Wunsch mit 1 Scheibe Vollkornbrot genießen. Berechnen Sie dann den ***POINTS***® Wert 2 zusätzlich!

1. Zwiebel hacken. Tomaten entkernen und mit der Paprikaschote fein würfeln. Öl in einem Topf erhitzen, Mais zufügen und unter Rühren ca. 5 Minuten anbraten.
2. Brühe angießen, Kräuter und übrige Zutaten zufügen und ca. 15 Minuten garen. Suppe mit Salz, Pfeffer und Chilipulver abschmecken.

Zubereitungszeit: ca. 15 Minuten
Garzeit: ca. 15 Minuten
Pro Person: *POINTS*® Wert 1,5

1,5 POINTS WERT®

Rezept: Gabriele W., München

Tunfischbrötchen nach Pizza-Art

Für 1 Person:
1 kleine Tomate
1 gelbe Paprikaschote
1 kleine Zwiebel
2 EL Tunfisch im eigenen Saft (Konserve)
2 EL Mais (Konserve)
1 TL Kapern
1 Knoblauchzehe
1 EL Tomatenmark
Thymian
Oregano
Rosmarin
Salz
Pfeffer
1 Brötchen
30 g geriebener Gouda, 30% Fett i.Tr.

1. Tomate, Paprika und Zwiebel fein würfeln, Tunfisch zerpflücken und mit Mais und Kapern in eine Schüssel geben. Knoblauch zerdrücken, mit Tomatenmark, Gewürzen, Salz und Pfeffer verrühren und unter die Tunfisch-Gemüse-Mischung rühren.
2. Brötchen halbieren, etwas aushöhlen, Tunfisch-Gemüse-Mischung darauf geben und mit Käse bestreuen. Im vorgeheizten Backofen ca. 15 Minuten bei 220°C (Gas: Stufe 4, Umluft: 200°C) auf mittlerer Schiene überbacken und noch warm servieren.

Zubereitungszeit: ca. 10 Minuten
Backzeit: ca. 15 Minuten
Pro Person: *POINTS*® Wert 5,5

5,5 POINTS WERT®

Rezept: Maria A., Zellingen

Putengeschnetzeltes mit Sellerie und Apfel

Für 1 Person:

120 g Putenschnitzel
300 g Knollensellerie
1 Zwiebel
1 rotschaliger Apfel (z. B. Elstar)
1 TL Pflanzenöl
150 ml Wasser
1 TL Ingwerpulver
1 TL Currypulver
Salz
Pfeffer
80 ml Buttermilch
120 g gegarte Wildreis-Mischung
1 TL Schnittlauchringe

1. Putenschnitzel und Sellerie in Streifen schneiden und Zwiebel würfeln. Apfel entkernen und in Spalten schneiden.
2. Öl in einer beschichteten Pfanne erhitzen, Fleisch und Zwiebel darin ca. 5 Minuten anbraten. Selleriestreifen zum Fleisch geben, Wasser angießen, mit Ingwer, Curry, Salz und Pfeffer würzen und ca. 15–20 Minuten mit geschlossenem Deckel garen, bis der Sellerie weich ist. Ca. 5 Minuten vor Ende der Garzeit Apfelspalten zufügen.
3. Pfanne vom Herd nehmen, Buttermilch unterrühren und nochmals mit Salz und Pfeffer würzen. Putengeschnetzeltes mit Reis anrichten und mit Schnittlauch bestreut servieren.

Zubereitungszeit: ca. 15 Minuten
Garzeit: ca. 30 Minuten
Pro Person: ***POINTS®*** Wert 5,5

Rezept: Christine K., Buckenhof

Für 1 Person:

1 Zwiebel
1 Knoblauchzehe
2 TL Pflanzenöl
400 g Pfifferlinge (ersatzweise andere Pilze)
75 ml Gemüsebrühe (1/4 TL Instant)
1 Ecke Schmelzkäse, 25% Fett i.Tr.
1 EL Sauerrahm (Schmand)
Salz
Pfeffer
1 Tomate
120 g gegarte Vollkornnudeln
1 EL gehackte Petersilie

Pfifferlingspfanne

1. Zwiebel fein hacken, Knoblauch zerdrücken. Öl in einer beschichteten Pfanne erhitzen. Zwiebel und Knoblauch darin andünsten, Pfifferlinge zufügen, Brühe angießen und alles ca. 10–15 Minuten garen lassen.
2. Schmelzkäse zufügen, schmelzen lassen, Sauerrahm einrühren und mit Salz und Pfeffer würzen. Tomate entkernen, würfeln, zufügen und kurz erhitzen. Pfifferlingspfanne mit Nudeln anrichten und mit Petersilie bestreut servieren.

Zubereitungszeit: ca. 15 Minuten
Garzeit: ca. 15–20 Minuten
Pro Person: *POINTS*® Wert 6

6 POINTS WERT

Rezept: Ingrid E., St. Goar

Für 1 Person:
3 getrocknete Tomaten, ohne Öl
3 grüne Oliven
1 EL Frischkäse, 30% Fett i.Tr.
2 EL fettarmer Joghurt
1/2 TL Weißweinessig
1 EL ital. Kräuter (TK)
Salz
Pfeffer
1 Prise Zucker
1 Scheibe Brot

Getrocknete Tomaten mit heißem Wasser überbrühen und ca. 10 Minuten einweichen lassen. Tomaten abtropfen lassen, trocken tupfen und mit Oliven fein hacken. Mit den restlichen Zutaten verrühren und mit Salz, Pfeffer und Zucker abschmecken. Olivenaufstrich kühl stellen und mit frischem Brot genießen.

Zubereitungszeit: ca. 20 Minuten
Pro Person: *POINTS*® Wert 3,5

3,5 POINTS WERT®

Rezept: Karin M., Bremen

Olivenaufstrich

Paprikaschnitzel

Für 1 Person:

1 Putenschnitzel (à 120 g)
Salz
Pfeffer
Paprikapulver
1 Schalotte
1 TL Pflanzenöl
je 1 grüne und gelbe Paprikaschote
2 Fleischtomaten
50 ml Gemüsebrühe (1/4 TL Instant)
100 ml Tomatensaft
1 TL Tomatenmark
1/4 Bund Schnittlauch
120 g gegarter Naturreis

1. Putenschnitzel mit Salz, Pfeffer und Paprikapulver würzen. Schalotte würfeln. Öl in einer beschichteten Pfanne erhitzen. Schnitzel darin von beiden Seiten knusprig anbraten, herausnehmen und warm stellen.
2. Schalottenwürfel im verbliebenen Fett andünsten. Paprikaschoten in feine Streifen schneiden. Tomaten mit kochendem Wasser überbrühen, enthäuten, entkernen, würfeln und beides zufügen.
3. Brühe und Tomatensaft angießen und alles ca. 10 Minuten dünsten. Tomatenmark unterrühren und alles pikant mit Salz, Pfeffer und Paprikapulver würzen. Schnittlauch in feine Ringe schneiden und über die Pfanne streuen. Putenschnitzel mit Paprikagemüse und Reis servieren.

Zubereitungszeit: ca. 20 Minuten
Garzeit: ca. 30 Minuten
Pro Person: *POINTS*® Wert 5

5 POINTS WERT®

Rezept: Reinhard W., Bonn

Spaghetti pomodoro e aglio

Für 1 Person:
100 g trockene Vollkornspaghetti
Salz
2 Knoblauchzehen
4 Tomaten
1 EL Olivenöl
1/4 Bund Basilikum
schwarzer Pfeffer aus der Mühle

1. Spaghetti nach Packungsanweisung in Salzwasser garen. Knoblauch grob hacken. Tomaten in Würfel schneiden.
2. Öl in einer Pfanne bei mittlerer Stufe erhitzen, Knoblauch darin goldgelb braten. Tomatenwürfel zufügen und erhitzen. Basilikumblätter abzupfen und zufügen. Spaghetti abschütten, abtropfen lassen, zur Tomaten-Knoblauch-Mischung geben, mit Salz und Pfeffer abschmecken und sofort servieren.

Zubereitungszeit: ca. 10 Minuten
Garzeit: ca. 15 Minuten
Pro Person: *POINTS®* Wert 6

6 POINTS WERT

Rezept: Waltraud N., Bergteheide

Tipp: Dazu schmeckt ein Salat für den ***POINTS®*** Wert 0: 1 Karotte raspeln, mit 50 g Rucola, 50 g Lollo rosso und 150 g Artischockenherzen (in Wasser eingelegt, Konserve) mischen und mit einem Dressing aus 2 EL frisch gepresstem Orangensaft, 1 EL Himbeeressig, 1/2 TL Honig und 2 EL Gemüsebrühe (1 Prise Instant) vermengen.

Asiatisches Gemüse

Für 1 Person:
1 Stange Bleichsellerie
2 Karotten
1 Stange Lauch
1 grüne Paprikaschote
50 g Shiitake-Pilze
1 TL Pflanzenöl
1/2 Knoblauchzehe
Salz
Pfeffer
1 TL Honig
2 TL Sojasauce
1 EL trockener Sherry
1 EL Sherry-Essig
2 TL Sesam

1. Sellerie und Karotten in Scheiben, Lauch in ca. 2 cm lange Stücke und Paprikaschote in Rauten schneiden. Pilze abspülen und trocken tupfen. Öl in einem Wok oder einer hohen Pfanne erhitzen, Knoblauch zerdrücken und mit dem Gemüse ca. 5 Minuten unter Rühren braten. Mit Salz und Pfeffer würzen.
2. Honig, Sojasauce, Sherry, Essig und Sesam verrühren, zum Gemüse geben und bei geringer Hitze ca. 10 Minuten zugedeckt garen. Asia-Gemüse abschmecken und servieren.

Zubereitungszeit: ca. 30 Minuten
Garzeit: ca. 15 Minuten
Pro Person: *POINTS*® Wert 2,5

2,5 POINTS WERT ®

Rezept: Heidi P., Köln

Rotbarschfilet mit Paprikarahm

Für 1 Person:
40 g trockener Vollkornreis
Salz
je 1 rote und gelbe Paprikaschote
1 Frühlingszwiebel
100 g Rotbarschfilet
1 TL Zitronensaft
1 TL Olivenöl
2 EL Gemüsebrühe (1 Prise Instant)
2 EL Cremefine zum Schlagen (z. B. von Rama)
Pfeffer
Paprikapulver
1 EL gehackte Petersilie

1. Reis nach Packungsanweisung in Salzwasser garen. Paprika in Streifen, Frühlingszwiebel in Ringe schneiden, Rotbarschfilet grob würfeln. Rotbarsch mit Zitronensaft säuern und salzen.
2. Öl in einer beschichteten Pfanne erhitzen, Fischwürfel darin unter Wenden ca. 6 Minuten dünsten und herausnehmen. Paprika und Frühlingszwiebel im verbliebenen Bratfond andünsten, Brühe zufügen, Cremefine einrühren, mit Salz, Pfeffer und Paprikapulver würzen und Petersilie unterheben. Fischwürfel wieder zufügen und kurz nochmals erhitzen. Rotbarschfilet mit Paprikarahm und Reis servieren.

Zubereitungszeit: ca. 10 Minuten
Garzeit: ca. 20 Minuten
Pro Person: *POINTS*® Wert 6,5

6,5 POINTS WERT ®

Rezept: Saeeda S., Berlin

Käsedips mit Rohkost

Für 1 Person:
200 g Karotten
200 g Kohlrabi
1/2 kleine Salatgurke
Für den Blauschimmel-Dip:
30 g Blauschimmelkäse, 45% Fett i.Tr.
2 EL Saure Sahne
100 g fettarmer Joghurt
2 TL rote Johannisbeerkonfitüre, kalorienreduziert
Pfeffer
Für den Tomaten-Mozzarella-Dip:
50 g Mozzarella
3 EL Balsamicoessig
2 Tomaten
einige Basilikumblätter
Salz

1. Karotten, Kohlrabi und Gurken in Stifte schneiden. Für den Blauschimmel-Dip Käse zerkrümeln und mit Saurer Sahne, Joghurt und Konfitüre verrühren. Dip mit Pfeffer abschmecken.
2. Für den Tomaten-Mozzarella-Dip Mozzarella sehr fein würfeln, mit Balsamicoessig beträufeln und ca. 15 Minuten ziehen lassen. Tomate entkernen, fein würfeln und mit Basilikum pürieren. Eingelegte Mozzarellawürfel unterheben und mit Salz abschmecken.

Zubereitungszeit: ca. 30 Minuten
Marinierzeit: ca. 15 Minuten
Blauschimmel-Dip, pro Person: *POINTS*® Wert 4

Tomaten-Mozzarella-Dip, pro Person: *POINTS*® Wert 3

Rezept: Petra M., Berlin

Mango-Puten-Toasts

Für 1 Person:
1 EL Saure Sahne
3 EL Magerquark
2 Msp. Currypaste
1 TL Orangenmarmelade
Salz
Pfeffer
50 g Mangofruchtfleisch
60 g Putenbrustfilet
2 Scheiben Vollkorntoast
einige Salatblätter

1. Saure Sahne mit Quark, 1 Messerspitze Currypaste und Orangenmarmelade verrühren und mit Salz und Pfeffer würzen. Mangofruchtfleisch in Spalten schneiden, Putenfilet mit Salz, Pfeffer und restlicher Currypaste würzen.
2. Putenfilet auf Bratfolie fettfrei rundherum braten, Mangospalten zufügen und kurz mitschmoren. Toastbrot goldbraun toasten, mit Currycreme bestreichen, mit Salatblättern und Mangospalten belegen. Putenbrust halbieren und auf den Toastscheiben anrichten.

Zubereitungszeit: ca. 5 Minuten
Garzeit: ca. 10 Minuten
Pro Person: *POINTS*® Wert 5

Rezept: Herta K., Holzkirchen

Für 1 Person:
1/2 kleine Avocado (50 g)
2 EL Zitronensaft
1 Knoblauchzehe
Salz
Pfeffer
1 Tomate
1 Baguettebrötchen
2 EL Sojabohnensprossen
2 Scheiben Roastbeef

1. Avocadofleisch mit Zitronensaft und Knoblauch pürieren. Mit Salz und Pfeffer abschmecken.
2. Tomate in Scheiben schneiden. Brötchen halbieren, mit Avocadocreme bestreichen, mit Sprossen, Roastbeef und Tomatenscheiben belegen.

Zubereitungszeit: ca. 15 Minuten
Pro Person: *POINTS*® Wert 8,5

8,5 POINTS WERT®

Rezept: Paula T., Kiel

Lachsnudeln mit Spargel

Für 1 Person:
40 g trockene Tagliatelle
Salz
250 g frischer grüner Spargel (ersatzweise TK)
50 g Zuckererbsenschoten
1 Zwiebel
1 TL Pflanzenöl
100 ml Gemüsebrühe (1/2 TL Instant)
1 EL Sauerrahm (Schmand)
90 g Lachs (frisch oder TK)
Saft 1/2 Zitrone
Pfeffer
1 Stängel Dill

1. Nudeln in Salzwasser bissfest kochen. Spargel und Zuckererbsenschoten in mundgerechte Stücke schneiden und Zwiebel würfeln. Öl in einer beschichteten Pfanne erhitzen, Zwiebel, Spargel und Zuckerschoten darin andünsten, mit Gemüsebrühe ablöschen und ca. 5 Minuten köcheln lassen.
2. Sauerrahm in die Sauce einrühren. Lachs mit Zitronensaft beträufeln, in Würfel schneiden, salzen und pfeffern. Lachswürfel in die Pfanne geben, mit einem Deckel verschließen und ca. 5 Minuten bei schwacher Hitze ziehen lassen.
3. Dill abzupfen, die Hälfte fein hacken und in die Pfanne geben. Nudeln abgießen und vorsichtig mit der Lachspfanne vermischen. Lachsnudeln mit restlichem Dill garniert servieren.

Zubereitungszeit: ca. 15 Minuten
Garzeit: ca. 10 Minuten
Pro Person: *POINTS*® Wert 7,5

7,5 POINTS WERT®

Rezept: Ute V., Gelsenkirchen

Tipp: Schmeckt auch mit Schwarzwurzeln (frisch oder Konserve) sehr lecker. Wenn Sie Vollkornnudeln wählen, können Sie für den zusätzlichen ***POINTS***® Wert 1 die Nudelmenge beliebig erhöhen, bis Sie satt sind.

Avocado-Sandwich

Geteilte Freude

Mit tollen Rezepten für 2 Personen können Sie die Zweisamkeit so richtig genießen. Egal, ob Sie bei einem romantischen Candle-Light-Dinner die verführerischen Schollen-Lachs-Röllchen servieren möchten oder einen besonderen Gast mit der raffinierten Spargel-Tagliatelle verwöhnen wollen – in diesem Kapitel finden Sie für jede Gelegenheit das Passende. Mit dem grünen Bohneneintopf kommt auch der Alltag nicht zu kurz, wenn es mal schnell gehen muss.

Pfefferfilet Rosé mit Spinat

Für 2 Personen:

6 mittelgroße Kartoffeln
Salz
125 ml fettarme Milch
2 TL Halbfettmargarine
geriebene Muskatnuss
600 g frischer Blattspinat (ersatzweise TK)
1 Knoblauchzehe
Pfeffer
300 g Schweinefilet
1 TL Pflanzenöl
2 Schalotten
200 ml Kalbsfond (ersatzweise Gemüsebrühe, 1 TL Instant)
1 TL rosa Pfefferkörner
2 EL Crème légère (ersatzweise Saure Sahne)
Tabasco
Sojasauce
1 TL Dijonsenf

1. Kartoffeln in Salzwasser ca. 20 Minuten kochen und heiß durch eine Kartoffelpresse drücken oder mit einem Kartoffelstampfer im Topf stampfen. Milch erhitzen und mit Margarine und Kartoffelmasse verrühren. Püree mit Salz und Muskatnuss abschmecken.
2. Blattspinat tropfnass in einem Topf bei geringer Hitze zusammenfallen lassen. 1/2 Knoblauchzehe zerdrücken, hinzufügen und Spinat mit Salz, Pfeffer und Muskatnuss abschmecken. Schweinefilet in 4 Medaillons schneiden, salzen und pfeffern. Öl in einer beschichteten Pfanne erhitzen, Medaillons von beiden Seiten darin anbraten und herausnehmen.
3. Restlichen Knoblauch zerdrücken, Schalotten würfeln, zum Bratfond geben, mit Fond loskochen und rosa Pfeffer einstreuen. Crème légère in die Sauce rühren, mit Tabasco, Sojasauce und Senf abschmecken und Medaillons darin gar ziehen lassen. Pfefferfilet mit Sauce, Kartoffelpüree und Blattspinat anrichten.

Zubereitungszeit: ca. 45 Minuten
Garzeit: ca. 30 Minuten
Pro Person: *POINTS*® Wert 7

Rezept: Angelika S., Hochheim

Für 2 Personen:

- 2 große Gemüsezwiebeln
- 1 Knoblauchzehe
- 1 TL Pflanzenöl
- 600 g stückige Tomaten (Konserve)
- 2 TL Gemüsebrühepulver
- Salz
- Pfeffer
- 1 EL Garam Masala Gewürzmischung
- 120 g Schafskäse light, 25% Fett i.Tr.
- 100 g Fladenbrot

1. Zwiebeln in Würfel schneiden und Knoblauch zerdrücken. Öl in einer beschichteten Pfanne erhitzen und Zwiebeln mit Knoblauch darin anschwitzen.
2. Tomaten in die Pfanne geben, mit Gemüsebrühepulver aufkochen, mit Salz, Pfeffer und Garam Masala würzen und weitere ca. 5 Minuten köcheln lassen.
3. Schafskäse in die Tomaten-Zwiebel-Masse bröckeln und zerlaufen lassen. Indische Tomaten-Zwiebel-Pfanne mit Fladenbrot servieren.

Zubereitungszeit: ca. 10 Minuten
Garzeit: ca. 15 Minuten
Pro Person: *POINTS*® Wert 4,5

Rezept: Katrin W., Bad Bramstedt

Indische Tomaten-Zwiebel-Pfanne

Tipp:

Ein Hauch Indien. Statt Olivenöl schmeckt auch sehr gut Nussöl, wie z. B. Walnuss- oder Haselnussöl. Bestreuen Sie die Tagliatelle nach Wunsch mit 2 Esslöffeln geriebenem Parmesan, der ***POINTS*®** Wert erhöht sich dann auf 5 pro Person.

Für 2 Personen:
280 g Schollenfilet
1 EL Zitronensaft
Salz
1 EL Meerrettich
60 g Räucherlachs
1 Zwiebel
600 g Broccoli
1 TL Olivenöl
100 ml trockener Weißwein
200 ml Geflügelfond (ersatzweise Gemüsebrühe, 1 TL Instant)
Pfeffer
2 Tomaten
180 g gegarter Vollkornreis
2 EL Crème légère (ersatzweise Saure Sahne)
Zitronenpfeffer
Dill zum Garnieren

Schollen-Lachsröllchen mit Zitronensauce

1. Schollenfilet mit 1 Teelöffel Zitronensaft säuern, längs halbieren, salzen und mit Meerrettich bestreichen. Räucherlachs in Streifen schneiden, auf die Fischfilets legen, Schollen zusammenrollen und mit Holzspießchen feststecken.
2. Zwiebel würfeln und Broccoli in Röschen teilen. Öl in einer tiefen beschichteten Pfanne erhitzen, Zwiebel darin andünsten und mit Weißwein und Fond ablöschen. Broccoliröschen und Fischröllchen hinzufügen, salzen, pfeffern und bei mäßiger Hitze in der geschlossenen Pfanne ca. 15 Minuten gar ziehen lassen.
3. Tomaten mit kochendem Wasser überbrühen, häuten, entkernen, in Würfel schneiden und unter den gegarten Vollkornreis heben. Fisch und Broccoli aus der Pfanne nehmen, Fischsauce mit Crème légère verrühren und mit Salz, Zitronenpfeffer und restlichem Zitronensaft abschmecken. Schollen-Lachsröllchen mit Vollkorn-Tomatenreis, Broccoli, Zitronensauce und mit Dill garniert servieren.

Zubereitungszeit: ca. 30 Minuten
Garzeit: ca. 25 Minuten
Pro Person: *POINTS*® Wert 6

6 POINTS WERT®

Rezept: Monika S., München

Liebe geht durch den Magen

»E-Mail für dich« – fast so romantisch wie im Film, findet Christian seine Jugendliebe Veronika in den unendlichen Weiten des Internets wieder. Überrascht waren die beiden bei ihrem ersten Wiedersehen, dass sie jeweils einige Kilos mehr auf den Hüften hatten.

Veronika beschließt, mit **Weight Watchers** abzunehmen und hat Erfolg. Mit dem Erfolg wächst ein Plan in ihr: »Ich wollte Christian überzeugen, auch etwas für seine Figur und seine Gesundheit zu tun«, erzählt sie. »Ich merkte ja, dass er mit seinen Kilos nicht glücklich war.« Allerdings wusste sie auch, dass Christian als Genussmensch große Bedenken hatte, sich beim Abnehmen einschränken zu müssen.

»Zum Glück gilt das nicht für **Weight Watchers**! Zu unseren Verabredungen habe ich einfach **Weight Watchers** Rezepte gekocht. Verraten habe ich ihm das jedoch erst, nachdem er alles für lecker befunden hatte«, verrät Veronika mit einem Schmunzeln. Es gelingt ihr, Christian zu ködern – er kommt mit zu den Treffen. Sie kochen immer häufiger zusammen, genießen – und werden ein Paar. Gemeinsam durchlebten sie die Höhen und Tiefen einer Abnahme. Gegenseitige Motivation und Rücksicht bei Durchhängern führte beide zu ihrem Wunschgewicht. Heute weiß das inzwischen verheiratete Paar mit Gewissheit: »Liebe geht durch den Magen!«

Veronikas und Christians Erfolgsrezept

Für 2 Personen:

1 rote Chilischote
2 TL Pflanzenöl
1 TL Chilipulver
1 EL Zitronensaft
1/2 TL Zucker
1/2 TL Honig
100 ml Gemüsebrühe
(1/2 TL Instant)
180 g Garnelen
160 g trockene Penne
Salz
1 EL Tomatenmark
125 ml fettarme Milch
Pfeffer
100 g Rucola

Penne mit Chili-Garnelen

1. Chilischote halbieren, entkernen und in Streifen schneiden. Öl mit Chilipulver und -streifen, Zitronensaft, Zucker, Honig und Brühe verrühren und Garnelen darin ca. 2 Stunden marinieren. Nudeln in Salzwasser bissfest kochen.
2. Garnelen abtropfen lassen, in einer beschichteten Pfanne rundherum anbraten, herausnehmen und beiseite stellen. Marinade und Tomatenmark in die Pfanne geben und Milch einrühren. Garnelen in die Sauce geben, ca. 5 Minuten gar ziehen lassen und mit Salz und Pfeffer abschmecken.
3. Rucola in mundgerechte Stücke zupfen, Penne abgießen, mit etwas Kochwasser und Rucola vermischen, salzen und pfeffern. Penne mit Chili-Garnelen servieren.

Zubereitungszeit: ca. 10 Minuten
Marinierzeit: ca. 2 Stunden
Garzeit: ca. 15 Minuten
Pro Person: *POINTS*® Wert 7

Rezept: Veronika und Christian L., Wuppertal

Tipp: Dazu schmeckt ein Tomatensalat für den ***POINTS***® Wert 0: 400 g Tomaten in Spalten schneiden, 1 Gemüsezwiebel in Ringe schneiden. 2 Esslöffel Tomatensaft mit 1 Esslöffel Balsamicoessig, 1/2 TL Senf, Salz, Pfeffer und 1 Prise Zucker abschmecken und über den Salat geben.

Für 2 Personen:

- 225 g Schweinefilet
- 2 Zwiebeln
- 2 Äpfel
- 1 TL Pflanzenöl
- 600 ml Gemüsebrühe (2 1/2 TL Instant)
- 2 EL Sauerrahm (Schmand)
- 2 EL Rosinen
- Salz
- Paprikapulver, edelsüß
- Currypulver
- 1 kleine Banane (100 g)
- 1 TL gehackte Petersilie

1. Schweinefilet, Zwiebeln und Äpfel würfeln und im erhitzten Öl anbraten. Brühe angießen und ca. 15 Minuten kochen.
2. Sauerrahm und Rosinen in die Suppe einrühren. Mit Salz, Paprika- und Currypulver pikant abschmecken und Bananenscheiben unterrühren. Suppe in vorgewärmte Teller füllen und mit Petersilie garniert servieren.

Zubereitungszeit: ca. 10 Minuten
Garzeit: ca. 20 Minuten
Pro Person: *POINTS*® Wert 4,5

4,5 POINTS WERT ®

Rezept: Heike B., Stadtlohn

Fruchtige Curry-Rahm-Suppe

Blumenkohl-Käse-Suppe

Für 2 Personen:
2 Zwiebeln
1 Blumenkohl
(ca. 600 g)
1/2 Bund glatte
Petersilie
1 TL Pflanzenöl
700 ml Gemüsebrühe
(3 TL Instant)
100 g Schmelzkäse,
25% Fett i.Tr.
Salz
Pfeffer
1/2 TL geriebene
Muskatnuss

1. Zwiebeln in Würfel schneiden, Blumenkohl in Röschen teilen und Petersilie hacken. Öl in einem Topf erhitzen, Zwiebeln darin andünsten und Brühe angießen.
2. Blumenkohlröschen in die Brühe geben und ca. 20 Minuten gar kochen. Schmelzkäse zufügen und Suppe pürieren. Petersilie in die Blumenkohl-Käse-Suppe rühren, mit Salz, Pfeffer und Muskatnuss abschmecken und servieren.

Zubereitungszeit: ca. 15 Minuten
Garzeit: ca. 25 Minuten
Pro Person: *POINTS®* Wert 2,5

Rezept: Michael G., Goslar

Hähnchenbrust mit Curry-Joghurt-Kruste

Für 2 Personen:
300 g Tomaten
1/2 Salatgurke
1 Zwiebel
3 EL Koriandergrün
Salz
Pfeffer
1 Knoblauchzehe
100 g fettarmer Joghurt
1 EL Tomatenmark
1 TL Limettensaft
(ersatzweise
Zitronensaft)
1 Msp. Chilipulver
1/2 TL Ingwerpulver
1/2 TL Garam Masala
Gewürzmischung
240 g Hähnchen-
brustfilet
240 g gegarter
Vollkornreis

1. Für das Relish Tomaten, Gurke und Zwiebel würfeln, Koriander hacken, Zutaten miteinander vermischen, mit Salz und Pfeffer abschmecken und im Kühlschrank kalt stellen.
2. Knoblauch zerdrücken und mit Joghurt, Tomatenmark, Limettensaft, Chili- und Ingwerpulver, Garam Masala, Salz und Pfeffer zu einer Paste verrühren.
3. Hähnchenbrust mit der Joghurt-Gewürz-Paste bestreichen, auf ein mit Backfolie ausgelegtes Backblech legen und im vorgeheizten Backofen bei 200°C (Gas: Stufe 3, Umluft: 180°C) auf mittlerer Schiene ca. 25 Minuten backen. Hähnchenbrust aufschneiden und mit Relish und Vollkornreis servieren.

Zubereitungszeit: ca. 15 Minuten
Backzeit: ca. 25 Minuten
Pro Person: *POINTS®* Wert 4,5

Rezept: Gabriele J., Holle

Tipp:

Dazu schmeckt ein Salat für den ***POINTS®*** Wert 0: 100 g Rucola und 1/2 Kopf Lollo rosso in mundgerechte Stücke zupfen. 1 Papaya würfeln. 2 Esslöffel Orangensaft mit 1 Esslöffel Weißweinessig und 2 Esslöffeln Brühe (1 Prise Instant), Salz und Pfeffer verrühren und mit den Salatzutaten mischen.

Tipp: Statt Olivenöl schmeckt auch sehr gut Nussöl, wie z. B. Walnuss- oder Haselnussöl. Bestreuen Sie die Tagliatelle nach Wunsch mit 2 Esslöffeln geriebenem Parmesan, das Gericht erhöht sich dann auf den ***POINTS®*** Wert 4,5 pro Person.

Für 2 Personen:
200 g trockene Vollkorntagliatelle
Salz
1 TL Gemüsebrühepulver
600 g grüner Spargel (ersatzweise TK)
1/2 Bund glatte Petersilie
1/2 Bund Kerbel
1 unbehandelte Limette (ersatzweise Zitrone)
2 TL Olivenöl
Pfeffer

1. Vollkornnudeln in Salzwasser bissfest garen. Leicht gesalzenes Wasser mit Brühe zum Kochen bringen, Spargel in mundgerechte Stücke schneiden und ca. 3 Minuten darin blanchieren. Spargel abtropfen lassen und Kochwasser auffangen.
2. Petersilie und Kerbel hacken und Limette heiß waschen, Schale abreiben und Saft auspressen. Spargelstücke mit Petersilie, Kerbel, Limettenschale und 300 ml Spargelkochwasser in einer tiefen Pfanne erhitzen, Vollkornnudeln und Öl untermischen.
3. Nudelpfanne mit Salz, Pfeffer und etwas Limettensaft abschmecken und servieren.

Zubereitungszeit: ca. 10 Minuten
Garzeit: ca. 20 Minuten
Pro Person: *POINTS®* Wert 4

4 POINTS WERT ®

Rezept: Heike S., Nürnberg

Tagliatelle mit

grünem Spargel

Tipp:

Sie können auch 30 g getrocknete Steinpilze verwenden.

Rouladen mit Schafskäsefüllung

Für 2 Personen:
45 g Schafskäse light, 25% Fett i.Tr.
100 g Champignons
1 rote Paprikaschote
1/2 EL Pinienkerne
1 Knoblauchzehe
4 EL gehackte Petersilie
2 Rinderrouladen (à 160 g)
Salz, Pfeffer
1 Gemüsezwiebel
100 g Steinpilze (ersatzweise Champignons)
1 TL Pflanzenöl
1 Lorbeerblatt
50 ml trockener Weißwein
300 ml Gemüsebrühe (1 1/2 TL Instant)
6 mittelgroße Kartoffeln
600 g Broccoli
1 EL Saure Sahne

1. Schafskäse mit einer Gabel zerdrücken, Champignons und Paprika in feine Würfel schneiden. Pinienkerne hacken, Knoblauch zerdrücken und alles mit 2 Esslöffeln Petersilie vermischen. Ausgebreitete Rinderrouladen mit 3/4 der Schafskäsemasse bestreichen, salzen, pfeffern, zusammenrollen und mit Holzspießchen feststecken.
2. Zwiebel in Würfel und Steinpilze in Scheiben schneiden. Öl in einem Bräter erhitzen und Rouladen mit Zwiebel, Steinpilzen und Lorbeerblatt darin anbraten. Mit Weißwein und 200 ml Gemüsebrühe ablöschen, restliche Schafskäsemasse einrühren und alles im geschlossenen Bräter ca. 45 Minuten bei mäßiger Hitze schmoren lassen. Lorbeerblatt entfernen.
3. Kartoffeln in Salzwasser garen, Broccoli in Röschen teilen und in restlicher Gemüsebrühe ca. 7 Minuten bissfest dünsten. Rouladen herausnehmen und mit Broccoli und Salzkartoffeln auf Tellern anrichten. Saure Sahne und restliche Petersilie in die Rouladensauce einrühren und zu den Rouladen servieren.

Zubereitungszeit: ca. 40 Minuten
Garzeit: ca. 50 Minuten
Pro Person: *POINTS*® Wert 8

8 POINTS WERT®

Rezept: Christine W., Chemnitz

Tunfisch-Lasagne

1. Tomaten in Würfel schneiden, Tunfisch zerpflücken und beides mit Mais vermengen. Margarine erhitzen, mit Mehl bestäuben und verrühren. Milch angießen, glatt rühren, kurz erhitzen und mit Kräutern, Salz, Pfeffer und Muskat kräftig würzen. Schafskäse zerkrümeln und unter die Sauce rühren.

2. 2 Lasagneplatten in eine Auflaufform (12 x 16 cm) legen, mit Tunfisch-Gemüse-Mischung belegen und mit Sauce begießen. Das Ganze wiederholen und mit Sauce abschließen. Tunfisch-Lasagne im vorgeheizten Backofen bei 200°C (Gas: Stufe 3) auf mittlerer Schiene ca. 30–35 Minuten überbacken.

Zubereitungszeit: ca. 20 Minuten
Backzeit: ca. 35–35 Minuten
Pro Person: *POINTS*® Wert 7

7 POINTS WERT ®

Rezept: Petra J., Ratingen

Für 2 Personen:
400 g Tomaten
150 g Tunfisch, im eigenen Saft (Konserve)
100 g Mais (Konserve)
4 TL Halbfettmargarine
1 EL Mehl
125 ml fettarme Milch
1 TL italienische Kräuter
Salz
Pfeffer
geriebene Muskatnuss
40 g Schafskäse
4 trockene Lasagneplatten

Pesto-Salat »Insalata Tricolore«

Für 2 Personen:
200 g trockene Farfalle
Salz
600 g Strauchtomaten
1/2 Kugel Mozzarella light (62 g)
5 TL Pesto (Fertigprodukt)
1 TL Pflanzenöl
Pfeffer
1/4 Bund Basilikum

1. Nudeln in Salzwasser bissfest kochen, abschütten und auskühlen lassen. Tomaten und Mozzarella in Würfel schneiden und mit den Nudeln vermischen.

2. Pesto und Öl unter den Salat heben, mit Salz und Pfeffer abschmecken. Basilikum in Streifen schneiden, unterheben und Salat servieren.

Zubereitungszeit: ca. 10 Minuten
Garzeit: ca. 10 Minuten
Pro Person: *POINTS*® Wert 7

7 POINTS WERT ®

Rezept: Marianne V., Braunschweig

Für Stefan fiel die Entscheidung, zu **Weight Watchers** zu gehen, in Form einer Jacke, die er zur Weihnachtsfeier geschenkt bekam. Allerdings war nur seine Jacke in Größe XXL. »Da habe ich mir gedacht: Jetzt langt es!«, erzählt er. Kurze Zeit später saß er im **Weight Watchers** Treffen – mit etwa 40 Frauen war er der Hahn im Korb. Konnte das wirklich klappen? Stefan hatte anfangs Zweifel, weil er doch viel mehr essen durfte als die Teilnehmerinnen. Aber die Pfunde purzelten und die Waage zeigte nach zwei Wochen schon sechs Kilo weniger an. Durch den Austausch im Treffen kam die Motivation, mit Tipps und Tricks halfen sich alle gegenseitig. »Meine größte Hilfe war und ist meine Frau – ich möchte sie sehr loben, denn ohne sie hätte ich die Abnahme nicht geschafft«, erzählt Stefan begeistert. »Sie hat immer für mich gekocht oder Mahlzeiten fürs Büro vorbereitet. Übrigens ist sie mittlerweile selbst ein echter Fan der **Weight Watchers** Gerichte«, berichtet er lachend.

Der leidenschaftliche Fußballspieler freut sich, dass er seit der Abnahme körperlich viel leistungsfähiger ist, er kann jetzt wieder richtig schnell laufen. Es lohnt sich, für sein Abnahmeziel zu kämpfen, das weiß Stefan jetzt. Und er betont: »Bei einem Stillstand bloß nicht aufgeben – einfach weitermachen! Ich habe meine Abnahme in Butterstücke umgerechnet – das hat mich auch motiviert, wenn ich mal nur 200 Gramm abgenommen habe.« Übrigens hat er von seinem Chef zum Abnahmeerfolg eine neue Jacke geschenkt bekommen – diesmal in Größe M.

Tausche XXL gegen M

Stefans Erfolgsrezept

Für 2 Personen:
2 Zwiebeln
100 g Knollensellerie
6 mittelgroße
Kartoffeln
2 Karotten
1 Knoblauchzehe
240 g Tatar
Salz
Pfeffer
1 TL Pflanzenöl
600 ml Gemüsebrühe
(2 TL Instant)
1 Lorbeerblatt
500 g grüne Bohnen
(frisch oder TK)
1 TL Bohnenkraut

1. Zwiebeln und Sellerie in feine, Kartoffeln und Karotten in grobe Würfel schneiden. Knoblauch zerdrücken, mit Tatar vermischen und mit Salz und Pfeffer würzen.
2. Öl in einem Topf erhitzen, Zwiebel-, Selleriewürfel und Tatar darin anbraten, mit Brühe ablöschen und Kartoffelwürfel hineingeben, salzen, pfeffern und Lorbeerblatt hinzufügen.
3. Eintopf ca. 10 Minuten kochen lassen, Karotten zufügen und weitere ca. 5 Minuten kochen. Bohnen hinzufügen und weitere ca. 5–8 Minuten kochen. Eintopf mit Bohnenkraut, Salz und Pfeffer abschmecken und servieren.

Zubereitungszeit: ca. 20 Minuten
Garzeit: ca. 25 Minuten
Pro Person: *POINTS*® Wert 4,5

4,5 POINTS WERT®

Rezept: Stefan O., Frankfurt

Grüner Bohneneintopf

Schmetterlingsnudeln mit Krabben und Lauchsauce

Für 2 Personen:
200 g trockene Schmetterlingsnudeln (Crevettli oder Farfalle)
Salz
3 Zwiebeln
2 Stangen Lauch
1 TL Pflanzenöl
300 ml Gemüsebrühe (1 1/2 TL Instant)
50 ml trockener Weißwein
150 g Krabben
1 1/2 EL Sauerrahm (Schmand)
2 TL Zitronensaft
gemahlener Koriander
Cayennepfeffer
geriebene Muskatnuss
1 EL Schnittlauchringe

1. Nudeln in Salzwasser bissfest garen. Zwiebeln würfeln, Lauch halbieren und in breite Streifen schneiden.
2. Öl in einer tiefen beschichteten Pfanne erhitzen, Zwiebeln darin andünsten, mit Gemüsebrühe und Weißwein ablöschen, ca. 10 Minuten köcheln lassen und pürieren. Lauchstreifen hinzufügen und ca. 5 Minuten in der Sauce garen.
3. Krabben in die Sauce geben, Sauerrahm einrühren, mit Zitronensaft, Koriander, Cayennepfeffer, Muskatnuss und Salz abschmecken. Nudeln abgießen, mit der Sauce gut vermischen und mit Schnittlauch garniert servieren.

Zubereitungszeit: ca. 20 Minuten
Backzeit: ca. 15 Minuten
Pro Person: *POINTS*® Wert 7

7 POINTS WERT

Rezept: Barbara B., Henstedt-Ulzburg

Kohlrabi-Rösti mit Lachscreme

1. Kohlrabi raspeln, in einem Küchentuch gut ausdrücken, mit Ei, Quark und Mehl verrühren und mit Salz, Pfeffer und Muskatnuss abschmecken. Öl in einer beschichteten Pfanne erhitzen und nacheinander kleine Röstis braten.
2. Räucherlachs und Dill fein hacken, mit Senf, Saurer Sahne und Joghurt verrühren und mit Salz, Zitronensaft und Pfeffer abschmecken. Kohlrabi-Rösti mit Lachscreme servieren.

Zubereitungszeit: ca. 15 Minuten
Garzeit: ca. 20 Minuten
Pro Person:
POINTS® Wert 5,5

5,5 POINTS WERT

Für 2 Personen:
500 g Kohlrabi
1 Ei
1 EL Magerquark
2 EL Mehl
Salz
Pfeffer
geriebene Muskatnuss
4 TL Pflanzenöl
1 Scheibe Räucherlachs (à 60 g)
2 TL frischer Dill
1/2 TL körniger Senf
2 EL Saure Sahne
50 g fettarmer Joghurt
1 TL Zitronensaft

Rezept: Anita H., Moosthennig

Tipp: Wenn der Lachs angefroren wird, kann er mit Joghurt cremig püriert werden.

Puten-Gemüse-Pfanne mit Erdnusscreme

Für 2 Personen:

120 g Putenbrust
2 rote Paprikaschoten
200 g Karotten
300 g Broccoli
2 Zwiebeln
1 Knoblauchzehe
1 TL Pflanzenöl
Salz
Pfeffer
200 ml Gemüsebrühe
(1 TL Instant)
150 g grüne Bohnen
(Konserve)
2 EL Erdnusscreme
180 g gegarter
Basmati-Reis

1. Putenbrust und Paprika in Streifen, Karotten in Scheiben schneiden, Broccoli in Röschen teilen, Zwiebeln würfeln und Knoblauch zerdrücken.
2. Öl in einer tiefen beschichteten Pfanne erhitzen, Putenbrust darin anbraten, salzen, pfeffern, herausnehmen und beiseite stellen. Im verbliebenen Bratfond Zwiebeln und Knoblauch anschwitzen und mit Gemüsebrühe ablöschen. Karotten und Broccoli hinzufügen, ca. 5 Minuten dünsten, Paprika dazugeben und weitere ca. 5 Minuten zugedeckt dünsten.
3. Bohnen abgießen, mit Erdnusscreme und Putenstreifen zur Gemüsepfanne geben, gut durchrühren und mit Salz und Pfeffer abschmecken. Puten-Gemüse-Pfanne mit Basmati-Reis servieren.

Zubereitungszeit: ca. 20 Minuten
Garzeit: ca. 15 Minuten
Pro Person: *POINTS*® Wert 6

Rezept: Amelie M., München

Lammkoteletts mit Tomatengemüse

Für 2 Personen:
1 Knoblauchzehe
3 TL Olivenöl
Salz
Pfeffer
Chilipulver
4 kleine Lammkoteletts (à 40 g)
1 rote Zwiebel
2 rote Paprikaschoten
50 g getrocknete Tomaten, ohne Öl
100 ml Gemüsebrühe (1/2 TL Instant)
400 g stückige Tomaten (Konserve)
2 TL Thymian
2 TL Balsamicoessig
einige Tropfen flüssiger Süßstoff
frischer Thymian zum Garnieren

1. Knoblauchzehe zerdrücken, mit 2 Teelöffeln Olivenöl, Salz, Pfeffer und Chilipulver verrühren. Lammkoteletts damit einstreichen, in Aluminiumfolie wickeln und im Kühlschrank ca. 2 Stunden marinieren lassen.
2. Zwiebel fein würfeln, Paprikaschoten würfeln. Restliches Olivenöl erhitzen und Zwiebelwürfel darin glasig dünsten. Getrocknete Tomaten mit heißer Brühe übergießen, ziehen lassen und klein schneiden. Tomaten und Paprikawürfel zufügen und mit Salz, Pfeffer und Thymian würzen. Mit Balsamicoessig und Süßstoff abschmecken.
3. Eine beschichtete Pfanne erhitzen und Lammkoteletts von beiden Seiten darin ca. 3 Minuten braten. Lammkoteletts mit Tomatengemüse servieren und mit frischem Thymian garnieren.

Zubereitungszeit:
ca. 20 Minuten
Marinierzeit:
ca. 2 Stunden
Backzeit:
ca. 30 Minuten
Pro Person:
POINTS® Wert 5,5

5,5 POINTS WERT

Rezept:
Guido R., Salzbergen

Zartweizen-Curry-Salat

Für 2 Personen:
100 g trockener Zartweizen (z. B. Ebly)
100 g Erbsen (TK)
Salz
100 g Mais (Konserve)
1 rote Paprikaschote
80 g geräucherter Putenbrustaufschnitt
1 Knoblauchzehe
4 EL Sauerrahm (Schmand)
125 ml fettarme Milch
2 TL Currypulver
1/2 TL Chilipulver
Kräutersalz
Sojasauce

1. Zartweizen nach Packungsanweisung garen, abgießen und auskühlen lassen. Erbsen in Salzwasser ca. 5 Minuten blanchieren. Mais abgießen, Paprika und Putenbrust in Streifen schneiden. Gemüse und Putenbrust mit Zartweizen vermengen.
2. Knoblauch zerdrücken und mit Sauerrahm, Milch, Curry- und Chilipulver, Kräutersalz und Sojasauce verrühren, unter den Salat heben, gut durchziehen lassen und servieren.

Zubereitungszeit: ca. 20 Minuten
Garzeit: ca. 10 Minuten
Pro Person: *POINTS*® Wert 7

7 POINTS WERT®

Rezept: Tanja F., Nauheim

1. Steinpilze in Scheiben, Zwiebel in Ringe schneiden, Petersilie hacken und Knoblauch zerdrücken. Öl in einer beschichteten Pfanne erhitzen, Steinpilze mit Zwiebel und Knoblauch andünsten und mit Salz und Pfeffer würzen.
2. Die Hälfte der Petersilie und Balsamico untermischen und Pfanne vom Herd nehmen. Ciabatta in 6 Scheiben schneiden und im Backofen oder auf dem Toaster rösten.
3. Steinpilzmasse gleichmäßig auf den Brotscheiben verteilen und mit restlicher Petersilie bestreut servieren.

Zubereitungszeit: ca. 15 Minuten
Garzeit: ca. 10 Minuten
Pro Stück: *POINTS*® Wert 1,5

1,5 POINTS WERT®

Rezept: Marita W., Emlichheim

Für 6 Stück:
250 g Steinpilze (ersatzweise Champignons)
1 Zwiebel
1/4 Bund glatte Petersilie
1 Knoblauchzehe
3 TL Olivenöl
Salz
Pfeffer
1 EL Balsamicoessig
150 g Ciabatta-Brot (ersatzweise Baguette)

Steinpilz-Crostini

1. Paprika in breite Streifen schneiden. Öl in einer beschichteten Pfanne erhitzen und Paprikastreifen darin andünsten. Mit Gemüsebrühe ablöschen, vom Herd nehmen, Balsamico einrühren und mit Salz und Pfeffer würzen.
2. Ziegenkäse in 2 Scheiben schneiden und in eine kleine Auflaufform (ca. 20 x 10 cm) legen. Von 2 Thymianzweigen Blättchen abzupfen, mit Honig verrühren, über den Ziegenkäse geben und im vorgeheizten Backofen bei 250°C (Gas: Stufe 4, Umluft: 230°C) auf mittlerer Schiene ca. 5 Minuten goldbraun überbacken.
3. Überbackenen Ziegenkäse mit lauwarmem Paprikasalat, Baguette und mit restlichem Thymian garniert servieren.

Zubereitungszeit: ca. 20 Minuten
Garzeit: ca. 10 Minuten
Pro Person: *POINTS*® Wert 7

Rezept: Birgit K., Bad Windsheim

Für 2 Personen:
je 2 rote und gelbe Paprikaschoten
1 TL Olivenöl
100 ml Gemüsebrühe (1/2 TL Instant)
2 EL Balsamicoessig
Salz
Pfeffer
120 g Ziegenkäse, 45% Fett i.Tr.
6 Zweige Thymian
4 TL Honig
2 Scheiben Baguettebrot

Überbackener Honig-Ziegenkäse mit Paprikasalat

Gemüsetortilla

Für 4 Stück:

400 g Mischgemüse (TK)
Salz
2 mittelgroße gekochte Kartoffeln
4 Eier
250 ml fettarme Milch
1/2 TL Majoran
Salz
Pfeffer

1. Gemüse in kochendem Salzwasser nach Packungsanweisung garen. Kartoffeln in feine Würfel schneiden.
2. Gemüse und Kartoffelwürfel in einer beschichteten, backofengeeigneten Pfanne unter Rühren anbraten. Eier mit Milch und Majoran verquirlen und mit Salz und Pfeffer würzen.
3. Eiermilch über das Gemüse geben und kurz stocken lassen. Im vorgeheizten Backofen bei 180°C (Gas: Stufe 2) auf mittlerer Schiene ca. 10–15 Minuten backen.

Zubereitungszeit: ca. 20 Minuten
Garzeit: ca. 20 Minuten
Pro Person 2 Stücke: *POINTS*® Wert 6

Rezept: Stefanie S., Lingen

Tipp: Die Tortilla schmeckt sowohl warm als auch kalt und kann gut mitgenommen werden.

Für 2 Personen:
400 g kleine Kartoffeln (Drillinge)
2 Zwiebeln
3 TL Olivenöl
Salz
2 rote Paprikaschoten
1 Zucchini
300 g Cocktailtomaten
3 Zweige Thymian (ersatzweise 1 TL gerebelter Thymian)
1 Zweig Rosmarin (ersatzweise 1 TL gerebelter Rosmarin)
weißer Pfeffer
1/2 Bund Schnittlauch
3 EL Ziegenfrischkäse, 45% Fett i.Tr.
2 EL fettarme Milch
3 EL Frischkäse, 30% Fett i.Tr.
1 EL Sonnenblumenkerne

1. Kartoffeln halbieren, Zwiebeln vierteln, auf ein Backblech legen, mit Olivenöl beträufeln, salzen und im vorgeheizten Backofen bei 180°C (Gas: Stufe 2, Umluft: 160°C) auf mittlerer Schiene ca. 20 Minuten backen.
2. Paprika längs in Streifen, Zucchini in Scheiben schneiden und Tomaten halbieren. Paprikastreifen und Zucchinischeiben auf das Backblech geben. Thymian- und Rosmarinblättchen abzupfen, hacken, über das Ofengemüse streuen, salzen, pfeffern und weitere ca. 15 Minuten backen. 5 Minuten vor Backende Tomatenhälften zum Ofengemüse geben und ebenfalls würzen.
3. Schnittlauch in Ringe schneiden, mit Ziegenfrischkäse, Milch und Frischkäse verrühren und mit Salz und Pfeffer abschmecken. Ofengemüse mit Sonnenblumenkernen bestreuen und mit Ziegenfrischkäse servieren.

Zubereitungszeit: ca. 30 Minuten
Backzeit: ca. 35 Minuten
Pro Person: *POINTS*® Wert 6,5

Rezept: Birgit M., Lohne

Ofengemüse mit Ziegenfrischkäse

Für 2 Personen:

1 Limette
(ersatzweise Zitrone)
120 g Hähnchenbrust-
filet
1/2 Knoblauchzehe
1 Zwiebel
1 rote Paprikaschote
1 TL Pflanzenöl
Salz
Pfeffer
1/2 TL Chilipulver
2 Tortillafladen (à 45 g)
2 EL Guacamole Dip
(z. B. von Fuego)
4 EL geriebener Käse,
30% Fett i.Tr.

Hähnchen-Fajitas

1. Limette über dem Hähnchenfleisch auspressen, Knoblauch zerdrücken und hinzufügen. Hähnchenbrust abgedeckt im Kühlschrank ca. 1 Stunde marinieren, herausnehmen und in Streifen schneiden.
2. Zwiebel in Ringe, Paprika in Streifen schneiden. Öl in einer beschichteten Pfanne erhitzen, Hähnchenbruststreifen mit Zwiebelringen darin anbraten, Paprika zufügen und mit Salz, Pfeffer und Chilipulver würzen.
3. Tortillas im Backofen nach Packungsanweisung aufbacken, mit Guacamole bestreichen. Hähnchen-Gemüse-Mischung und Käse daraufgeben, zusammenrollen und servieren.

Zubereitungszeit: ca. 15 Minuten
Marinierzeit: ca. 1 Stunde
Garzeit: ca. 10 Minuten
Pro Person: *POINTS*® Wert 5,5

Rezept: Monika L., Lemgo

Tipp: Anstatt des Guacamole Dips können Sie auch ersatzweise 2 EL Frischkäse mit Kräutern, 30% Fett i.Tr., verwenden.

Kalbsmedaillons mit Ratatouille-Gemüse

Für 2 Personen:
400 g geschälte Tomaten (Konserve)
1 Knoblauchzehe
1 Bund Basilikum
Salz
Pfeffer
einige Tropfen flüssiger Süßstoff
1 Gemüsezwiebel
je 1/2 grüne und rote Paprikaschote
1 kleine Aubergine
1 TL Pflanzenöl
Paprikapulver
250 g mageres Kalbfleisch
4 EL geriebener Käse, 30% Fett i.Tr.

1. Tomaten abtropfen und grob würfeln. Knoblauch fein hacken. Knoblauch und Tomatenwürfel in einen Topf geben und etwas einkochen lassen. Basilikum hacken, unterrühren, kräftig salzen und pfeffern und mit Süßstoff abschmecken.
2. Zwiebel in Ringe, Paprikaschoten in Streifen und Aubergine in Scheiben schneiden. Öl in einer Pfanne erhitzen, Zwiebeln, Paprika und Aubergine darin ca. 5 Minuten andünsten. Mit Salz, Pfeffer und Paprikapulver würzen und in eine Auflaufform (12 x 16 cm) füllen.
3. Kalbfleisch in Medaillons schneiden. Bratfolie in einer Pfanne erhitzen, Medaillons kurz darin anbraten und mit Salz und Pfeffer würzen. Medaillons auf das Gemüse setzen und mit Tomatensauce bestreichen. Mit Käse bestreuen und im vorgeheizten Backofen bei 200°C (Gas: Stufe 3) ca. 20 Minuten überbacken.

Zubereitungszeit: ca. 25 Minuten
Garzeit: ca. 10 Minuten
Backzeit: ca. 20 Minuten
Pro Person: *POINTS*® Wert 3,5

Rezept: Peggy S., Dresden

Tomaten-Risotto

Für 2 Personen:
1 Zwiebel
300 g Tomaten
1/2 Bund Basilikum
45 g Parmesan
1 TL Olivenöl
140 g Risottoreis
300 ml Tomatensaft
200 ml Gemüsebrühe (1 TL Instant)
Salz
Pfeffer

Für den Salat:
150 g Cocktailtomaten
2 Frühlingszwiebeln
100 g Rucola
100 g Lollo bianco
2 EL Tomatensaft
1 TL Olivenöl
3 EL Gemüsebrühe (1 Prise Instant)
1 EL Balsamicoessig
1/2 TL Zucker

1. Zwiebel in Würfel schneiden, Tomaten mit heißem Wasser überbrühen, häuten, entkernen und würfeln, Basilikum hacken und Parmesan reiben.
2. Öl in einer tiefen beschichteten Pfanne erhitzen und Zwiebel darin bei geringer Hitze andünsten. Risottoreis in die Pfanne streuen und kurz mitdünsten. Mit je 1/4 Tomatensaft und Gemüsebrühe ablöschen.
3. Sobald die Flüssigkeit aufgesogen ist, restlichen Tomatensaft und Gemüsebrühe nach und nach angießen, umrühren und das Risotto ca. 15 Minuten bissfest garen. Tomatenwürfel, Basilikum und Parmesan unterrühren, mit Salz und Pfeffer abschmecken.
4. Für den Salat Tomaten halbieren, Frühlingszwiebeln in Ringe, Rucola und Salat in mundgerechte Stücke zupfen. Tomatensaft mit Olivenöl, Brühe, Essig und Zucker verrühren, mit Salz und Pfeffer würzen und mit den Salatzutaten vermengen. Risotto mit Salat servieren.

Zubereitungszeit: ca. 20 Minuten
Garzeit: ca. 20 Minuten
Pro Person: *POINTS*® Wert 6

Rezept: Martina S., Leipzig

Für 2 Personen:
1 Zwiebel
1 Knoblauchzehe
1 TL Olivenöl
(ersatzweise Pflanzenöl)
250 g Blattspinat
50 ml Wasser
60 g Ricotta
1 TL Zitronensaft
Salz
Pfeffer
geriebene Muskatnuss
75 g Krabben
8 Cannelloni
400 g passierte
Tomaten (Konserve)
1 TL Balsamicoessig
2 TL Oreganoblättchen
3 EL geriebener Käse,
30% Fett i.Tr.

1. Zwiebel fein würfeln, Knoblauchzehe zerdrücken. Olivenöl in einer Pfanne erhitzen, Zwiebeln und Knoblauch darin andünsten. Spinat zufügen, Wasser angießen und ca. 2 Minuten dünsten.
2. Ricotta mit Zitronensaft verrühren und unter den Spinat heben. Pikant mit Salz, Pfeffer und Muskatnuss würzen. Krabben unterheben, Cannelloni mit der Mischung füllen und in eine Auflaufform setzen.
3. Passierte Tomaten mit Essig und Oreganoblättchen verrühren und mit Salz und Pfeffer würzen. Über die Cannelloni geben und mit Käse bestreuen. Im vorgeheizten Backofen auf mittlerer Schiene bei 200°C (Gas: Stufe 3) ca. 30 Minuten backen und heiß servieren.

Zubereitungszeit: ca. 15 Minuten
Garzeit: ca. 5 Minuten
Backzeit: ca. 30 Minuten
Pro Person: *POINTS*® Wert 5,5

5,5 POINTS WERT

Rezept: Julia U., Bayreuth

Gefüllte Cannelloni

Filetto Delizioso

1. Frühlingszwiebeln in Ringe, Radicchio in Streifen schneiden, Cocktailtomaten und Artischockenherzen vierteln und Gemüse in eine Auflaufform (ca. 20 x 14 cm) schichten. Mit Salz und Pfeffer würzen.

2. Kabeljau mit Zitronensaft säuern, salzen und auf das Gemüse legen. 3/4 der Petersilie hacken, mit Parmesan, Paniermehl und Mandeln vermischen, auf dem Fisch verteilen und mit Olivenöl beträufeln.

3. Fischfilet im vorgeheizten Backofen bei 180°C (Gas: Stufe 2, Umluft: 160°C) auf mittlerer Schiene ca. 20 Minuten goldgelb backen. Restliche Petersilienblättchen abzupfen. Filetto Delizioso mit Petersilienblättchen garnieren und mit Vollkornreis servieren.

Zubereitungszeit: ca. 20 Minuten
Backzeit: ca. 20 Minuten
Pro Person: *POINTS*® Wert 5,5

5,5 POINTS WERT

Rezept: Petra J., Ratingen

Für 2 Personen:

1/2 Bund Frühlingszwiebeln
1 Radicchio
300 g Cocktailtomaten
300 g Artischockenherzen, in Wasser eingelegt (Konserve)
Salz
Pfeffer
300 g Kabeljau
1 TL Zitronensaft
1/4 Bund glatte Petersilie
2 EL geriebener Parmesan
1 TL Paniermehl
1 TL gemahlene Mandeln
1 TL Olivenöl
240 g gegarter Vollkornreis

Für 2 Personen:

2 gelbe Paprikaschoten
1 Kohlrabi
4 Tomaten
1 Zwiebel
100 g Erbsen (TK)
3 EL Balsamicoessig
1 TL Pflanzenöl
1 TL Honig
2 EL Gemüsebrühe
(1 Prise Instant)
Pfeffer
einige Tropfen
flüssiger Süßstoff
200 g Feldsalat
2 Scheiben Käse,
30% Fett i.Tr.

1. Paprikaschoten, Kohlrabi und Tomaten in Würfel und Zwiebel in Ringe schneiden. Erbsen und Kohlrabiwürfel in Salzwasser ca. 10 Minuten bissfest garen. Essig mit Öl, Honig und Gemüsebrühe verrühren und mit Salz, Pfeffer und Süßstoff abschmecken.
2. Feldsalat auf Tellern anrichten, Paprika-, Tomaten- und Kohlrabiwürfel, Erbsen und Zwiebelringe darauf verteilen und mit Dressing beträufeln. Käse in Streifen schneiden, Salat damit belegen und servieren.

Zubereitungszeit: ca. 20 Minuten
Garzeit: ca. 10 Minuten
Pro Person: *POINTS*® Wert 3

Rezept: Christina W., Kassel

Powersalat

Zucchini-Salbei-Suppe

Für 2 Personen:
2 Zwiebeln
500 g Zucchini
3 mittelgroße Kartoffeln
1 TL Pflanzenöl
800 ml Gemüsebrühe
(4 TL Instant)
Salz
Pfeffer
1 Bund Salbei
4 EL Crème légère
(ersatzweise
Saure Sahne)

1. Zwiebeln, Zucchini und Kartoffeln würfeln. Öl in einem Topf erhitzen und Gemüsewürfel darin andünsten. Gemüsebrühe angießen, mit Salz und Pfeffer würzen und ca. 25 Minuten köcheln lassen.
2. Salbei hacken, 3/4 zur Suppe geben, Crème légère einrühren und Suppe pürieren. Zucchini-Salbei-Suppe mit restlichem Salbei bestreut servieren.

Zubereitungszeit: ca. 20 Minuten
Garzeit: ca. 25 Minuten
Pro Person: *POINTS*® Wert 3

3 POINTS WERT®

Rezept: Sabine G., Pirmasens

Tipp: Dazu schmecken Crostini. Dafür 1 Scheibe Vollkorntoast toasten, fein würfeln und mit 1/2 gepressten Knoblauchzehe in 1 Teelöffel Öl anbraten. Crostini über die Suppe streuen. Berechnen Sie pro Person dafür den ***POINTS*®** Wert 1 zusätzlich.

Corn Chowder

Für 2 Personen:
2 Stangen Lauch
200 g Staudensellerie
4 mittelgroße Kartoffeln
1 TL Pflanzenöl
500 ml Gemüsebrühe
(2 1/2 TL Instant)
150 g Mais (Konserve)
120 g Hähnchenbrustfilet
1/2 Bund Schnittlauch
1/2 EL Sauerrahm
(Schmand)
Salz
Pfeffer

1. Lauch in Ringe, Sellerie in Scheiben und Kartoffeln in feine Würfel schneiden. Öl in einem Topf erhitzen, Lauch und Sellerie darin anschwitzen, mit Gemüsebrühe ablöschen und Kartoffelwürfel ca. 10 Minuten in der Suppe garen.
2. Mais abtropfen lassen und Hähnchenbrust in feine Streifen schneiden. Beides in die Suppe geben und ca. 5 Minuten bei geringer Hitze garen.
3. Schnittlauch in Ringe schneiden, mit Sauerrahm in der Suppe verrühren, mit Salz und Pfeffer abschmecken und servieren.

Zubereitungszeit: ca. 25 Minuten
Garzeit: ca. 15 Minuten
Pro Person: *POINTS*® Wert 5

5 POINTS WERT®

Rezept: Waltraut N., Bargteheide

Himbeereis

Für 2 Personen:
300 g Himbeeren (TK)
3 EL Wasser
250 g fettarmer Joghurt
einige Tropfen flüssiger Süßstoff
50 g frische Himbeeren
einige Minzeblätter

1. Himbeeren etwas antauen lassen, mit Wasser und dem Joghurt pürieren, bis die gewünschte Konsistenz erreicht ist. Mit Süßstoff abschmecken und ca. 2 Stunden einfrieren.
2. Eis mehrmals durchrühren und mit frischen Himbeeren und Minze garniert servieren.

Zubereitungszeit: ca. 10 Minuten
Kühlzeit: ca. 2 Stunden
Pro Person: *POINTS*® Wert 1

Rezept: Sascha R., Solingen

Apple Crumble

Für 2 Personen:
2 Äpfel (z. B. Braeburn)
1/4 Zitrone
45 g Halbfett-margarine
70 g grobes Dinkelvollkornmehl
2 EL brauner Zucker
1/4 TL Zimt

1. Äpfel schälen, entkernen, in Spalten schneiden und in eine Auflaufform (ca. 15 x 20 cm) schichten. Zitrone auspressen und Saft über die Äpfel träufeln.
2. Margarine leicht erhitzen, mit Dinkelmehl, Zucker und Zimt vermischen und mit einer Gabel Streusel formen. Streusel auf den Äpfeln verteilen und im vorgeheizten Backofen bei 200°C (Gas: Stufe 3, Umluft: 180°C) auf mittlerer Schiene ca. 30 Minuten backen.

Zubereitungszeit: ca. 15 Minuten
Backzeit: ca. 30 Minuten
Pro Person: *POINTS*® Wert 5

Rezept: Petra S., Reutlingen

Tipp: **Für Naschkatzen:** Auch köstlich mit Birnen oder Pflaumen. Schmeckt als süße Mahlzeit oder als Kuchenvariante zum Kaffee.

Familien-packung

Das gemeinsame Essen am Mittag oder Abend ist oft die einzige Zeit, in der die Familie zusammen ist. Sie suchen nach neuen Ideen und Rezepten, mit denen Sie Ihre Lieben verwöhnen können? In diesem Kapitel finden Sie köstliche Rezepte für 4 Personen, die Sie einfach für alle auf den Tisch zaubern können. Hier will keiner eine »Extrawurst«, denn hier kommen kleine und große Genießer voll auf ihre Kosten. Lassen Sie sich überraschen!

Pikante Putenrouladen

Für 4 Personen:
800 g Kartoffeln
Salz
5 EL Sojasauce
2 TL Honig
4 dünne Putenbrustfilets (à 120 g)
2 Knoblauchzehen
4 Stangen Lauch
4 TL Pflanzenöl
2 EL Erdnüsse
Pfeffer
1 EL Stärkemehl
250 ml Gemüsebrühe (1 TL Instant)

1. Kartoffeln schälen und in kochendem Salzwasser ca. 25 Minuten garen.
2. 4 Esslöffel Sojasauce mit Honig verrühren und Putenbrustfilets damit bestreichen. Knoblauchzehen zerdrücken, Lauch in Ringe schneiden und in 1 Teelöffel Öl andünsten. Erdnüsse zufügen und mit restlicher Sojasauce und Pfeffer abschmecken. Einen Teil des Gemüses auf den Filets verteilen, als Rouladen aufrollen und feststecken.
3. Restliches Öl erhitzen, Rouladen mit Stärkemehl bestäuben und von allen Seiten gut anbraten. Brühe angießen und Rouladen ca. 30 Minuten schmoren lassen. Rouladen mit Kartoffeln und dem übrigen Lauchgemüse auf Tellern anrichten und servieren.

Zubereitungszeit: ca. 25 Minuten
Garzeit: ca. 60 Minuten
Pro Person: ***POINTS***® Wert 6

6 POINTS WERT®

Rezept: Petra J., Deutsch Evern

Anja hatte ihr Ziel klar vor Augen: Den ersten Arbeitstag als Flugbegleiterin – da sollte die Uniform perfekt sitzen. Doch nach zwei Schwangerschaften war das Wunschgewicht weit entfernt. Mit einer Freundin ging sie zu **Weight Watchers**. Ein starker Wille und die Begeisterung für das Ernährungskonzept sorgten für eine konstante Abnahme.

Die neue leichte Küche begeisterte auch ihre Familie. Anja verrät uns ihr Erfolgsrezept, mit dem sie ihre Familie von den **Weight Watchers** Gerichten überzeugt hat: »Ich habe um das Essen nicht viel Aufhebens gemacht und mein Motto war ›Was auf den Tisch kommt, wird gegessen‹«, erzählt sie lachend. Für ihren Mann oder die beiden Kinder darf es gern auch mal etwas Süßes oder ein Fast-Food-Gericht sein, das hat die humorvolle Mutter nie gestört. Anja berichtet, dass sie schon immer für ihre Familie gekocht hat. »Vom Zeitaufwand hat sich für mich mit den **Weight Watchers** Gerichten nichts geändert, vielmehr freut es mich, dass meine Familie nun insgesamt ausgewogener und gesünder isst«, sagt sie.

Anja blickt zurück und stellt fest: »Für die Abnahme war meine Disziplin sehr wichtig. Wenn ich heute die alten ›dicken‹ Fotos anschaue, weiß ich, so will ich nie wieder aussehen!« Mode und Shopping machen ihr wieder richtig Spaß. Und die Uniform passt perfekt.

Anjas Erfolgsrezept

Zwiebelkuchen

Für 4 Personen:
150 g Mehl
45 g Halbfettmargarine (oder Halbfettbutter)
1/2 Päckchen Trockenhefe
Salz
1 Prise Zucker
60 ml lauwarmes Wasser
600 g Zwiebeln
1 TL Pflanzenöl
6 EL Crème légère (ersatzweise Saure Sahne)
1/2 TL gemahlener Kümmel
Pfeffer
2 Eier
45 g geriebener Parmesan
100 g fettarmer Joghurt
Petersilie zum Garnieren

1. Mehl, Margarine, Hefe, 1/4 Teelöffel Salz, Zucker und Wasser zu einem glatten Teig verarbeiten, abdecken und an einem warmen Ort ca. 1 Stunde ruhen lassen.
2. Zwiebeln in Ringe schneiden. Öl in einer beschichteten Pfanne erhitzen, Zwiebelringe ca. 3 Minuten darin anbraten, mit Crème légère verrühren, mit Salz, Kümmel und Pfeffer abschmecken, vom Herd nehmen und auskühlen lassen.
3. Hefeteig kreisrund ausrollen, Boden und Rand einer mit Backfolie ausgelegten Springform (Ø 26 cm) damit auskleiden. Zwiebelpfanne mit Eiern, Parmesan und Joghurt verrühren, mit Salz und Pfeffer abschmecken und auf dem Hefeteig verteilen. Zwiebelkuchen im vorgeheizten Backofen auf mittlerer Schiene bei 200°C (Gas: Stufe 3, Umluft: 180°C) ca. 25–30 Minuten backen. Zwiebelkuchen mit Petersilie garniert servieren.

Zubereitungszeit: ca. 25 Minuten
Ruhezeit: ca. 1 Stunde
Garzeit: ca. 5 Minuten
Backzeit: ca. 25–30 Minuten
Pro Person: *POINTS*® Wert 6

Rezept: Anja H., Bonn

Tipp: Dazu schmeckt ein bunter Salat.

Paella

Für 4 Personen:
2 Zwiebeln
je 1 gelbe und rote Paprikaschote
240 g Hähnchenbrustfilet
1 Bund Frühlingszwiebeln
1 Knoblauchzehe
1 EL Olivenöl
280 g Meeresfrüchte-Mix, gekocht (TK, z. B. von Costa)
Salz
Pfeffer
220 g trockener Risotto-Reis
200 ml trockener Weißwein
700 ml Geflügelfond (ersatzweise Gemüsebrühe, 4 TL Instant)
400 g Erbsen (TK)
1 Bund Petersilie
4 Fäden Safran (ersatzweise 1/2 TL Curcuma)
1/2 TL Cayennepfeffer

1. Zwiebeln, Paprika und Hähnchenbrust in grobe Würfel, Frühlingszwiebeln in Ringe schneiden und Knoblauch zerdrücken. Öl in einer großen, tiefen, beschichteten Pfanne erhitzen, Knoblauch, Zwiebel- und Hähnchenbrustwürfel darin anbraten, Meeresfrüchte, Frühlingszwiebelringe und Paprikawürfel hinzufügen, salzen und pfeffern, unter Rühren kurz mitbraten, aus der Pfanne nehmen und beiseite stellen.
2. Reis im verbliebenen Bratfond andünsten und je 100 ml Weißwein und Fond angießen. Sobald die Flüssigkeit aufgesogen ist, nach und nach restlichen Weißwein und Fond angießen und Reis unter Rühren ca. 20–25 Minuten fertig garen. 5 Minuten vor Garende Erbsen unterheben.
3. Petersilie hacken und mit Safran und der Geflügel-Meeresfrüchte-Mischung unter die Reispfanne rühren. Paella erhitzen, mit Salz und Cayennepfeffer abschmecken und servieren.

Zubereitungszeit: ca. 20 Minuten
Garzeit: ca. 30 Minuten
Pro Person: *POINTS*® Wert 7

7 POINTS WERT®

Rezept: Francisca G., Düsseldorf

Würstchenpfanne

1. Zwiebeln in Ringe, Würstchen in Scheiben, Paprika in Streifen, Roggenbrot in Würfel schneiden und Petersilie hacken.
2. Öl in einer beschichteten Pfanne erhitzen, Knoblauch zerdrücken, mit Zwiebelringen und Roggenbrotwürfeln darin anbraten, Würstchenscheiben und Paprikastreifen hinzufügen und mit Salz, Pfeffer, Zucker und Paprika würzen.
3. Tomaten und Gemüsebrühe hinzufügen und Würstchenpfanne ca. 5 Minuten köcheln lassen. Petersilie und Majoran in die Würstchenpfanne rühren, mit Salz, Pfeffer und Paprika abschmecken und servieren.

Zubereitungszeit: ca. 15 Minuten
Garzeit: ca. 10 Minuten
Pro Person: *POINTS*® Wert 5

5 POINTS WERT®

Für 4 Personen:
4 Gemüsezwiebeln
300 g kalorienreduzierte Geflügelwürstchen
4 gelbe Paprikaschoten
2 Scheiben Roggenbrot
1 Bund Petersilie
1 TL Pflanzenöl
2 Knoblauchzehen
Salz
Pfeffer
1 Prise Zucker
Paprikapulver, edelsüß
500 g stückige Tomaten (Konserve)
100 ml Gemüsebrühe (1/2 TL Instant)
1 TL getrockneter Majoran

Rezept: Jennifer S., Haßfurt

Gebratene Hähnchenbrust mit Rucola-Pesto

Für 4 Personen:
1 kleiner Bund Rucola
30 g Parmesan
2 EL Pinienkerne
1 Knoblauchzehe
3 TL Olivenöl
6 EL Gemüsebrühe
(1/2 TL Instant)
Salz
Pfeffer
360 g Hähnchenbrustfilet
1 TL Pflanzenöl
800 g feste Tomaten
2 TL Olivenöl

1. Rucola fein hacken. Käse fein reiben. Pinienkerne in einer trockenen Pfanne anrösten und hacken. Knoblauch durch eine Knoblauchpresse drücken. Die vorbereiteten Zutaten mit 3 TL Olivenöl und der Brühe in einem elektrischen Zerkleinerer pürieren. Mit etwas Salz und Pfeffer würzen.
2. Hähnchenfilet salzen und pfeffern. Pflanzenöl erhitzen und die Filets darin pro Seite ca. 6–7 Minuten braten.
3. Tomaten halbieren, mit 2 TL Olivenöl beträufeln und mit Salz und Pfeffer würzen. Unter dem heißen Grill oder in einer Grillpfanne ca. 5 Minuten grillen. Hähnchenfilet in Scheiben schneiden, mit Rucola-Pesto und Tomaten anrichten.

Zubereitungszeit: ca. 30 Minuten
Garzeit: ca. 15 Minuten
Pro Person: *POINTS*® Wert 4

Rezept: Andrea H., Velbert-Langenberg

Tipp: Dazu passt gedünsteter weißer oder grüner Spargel.

Zitronenhuhn mit Knoblauch und Fenchel-Orangen-Salat

Für 4 Personen:
1 Hähnchen ohne Haut (ca. 1 kg)
Salz
Pfeffer
4 rote Zwiebeln
2 unbehandelte Zitronen
4 Knoblauchzehen
1 EL Olivenöl
1 Bund Zitronenthymian (ersatzweise 3 TL gerebelt)
125 ml Gemüsebrühe (1/2 TL Instant)
4 Orangen
750 g Fenchel
1 TL Honig
200 g Ciabatta-Brötchen

1. Hähnchen in 8 Stücke teilen und mit Salz und Pfeffer einreiben. Zwiebeln in Ringe und Zitronen in Stücke schneiden. Knoblauch zerdrücken. Zutaten in einen gewässerten Römertopf oder einen geräumigen Bräter geben, mit 1 Teelöffel Öl beträufeln, 1/2 Bund Zitronenthymian hinzufügen und Brühe angießen. Im vorgeheizten Backofen bei 160°C (Gas: Stufe 1, Umluft: 140°C) auf mittlerer Schiene zugedeckt ca. 1 1/2 Stunden garen.
2. Orangen filetieren, Saft auffangen und Fenchel in Spalten schneiden. Fenchelspalten in Salzwasser ca. 3 Minuten blanchieren, abgießen und auskühlen lassen. Orangensaft mit restlichem Olivenöl und Honig verrühren und mit Salz und Pfeffer abschmecken. Dressing mit Orangenfilets und Fenchelspalten mischen.
3. Restlichen Zitronenthymian abzupfen. Zitronenhähnchen mit Thymian bestreuen und mit Fenchel-Orangen-Salat und Ciabatta servieren.

Zubereitungszeit: ca. 35 Minuten
Garzeit: ca. 1 1/2 Stunden
Pro Person: *POINTS*® Wert 6,5

Rezept: Martina D., München

Tipp: **Sonne auf dem Teller:** Zitronenthymian können Sie beim Gemüsehändler bestellen oder Sie finden ihn gerebelt im Würzregal gut sortierter Supermärkte.

Für 12 Stück:

- 230 g trockener Rundkornreis
- 2 EL Zucker
- 1 Prise Salz
- 3 Eier
- 4 TL Honig
- 2 EL Vanillezucker
- 375 g Magerquark
- 4 EL Cremefine zum Kochen (z. B. von Rama)
- 1 EL Zitronensaft
- 500 g Aprikosenhälften (Konserve ohne Zucker)
- 100 ml Aprikosensaft (Konserve ohne Zucker)
- einige Tropfen flüssiger Süßstoff

Reistarte mit Aprikosen

1. Reis mit Zucker und Salz in Wasser nach Packungsanweisung bissfest kochen, abgießen und auskühlen lassen. Eier trennen und Eiweiß steif schlagen. Eigelb, Honig, Vanillezucker, Quark, Cremefine und Zitronensaft verrühren und mit dem Reis vermischen. Eischnee unter die Reismasse heben.
2. Springform (Ø 26 cm) mit Backfolie auslegen und Reismasse einfüllen. Im vorgeheizten Backofen bei 200°C (Gas: Stufe 3, Umluft: 180°C) auf mittlerer Schiene ca. 30 Minuten backen und auskühlen lassen.
3. Aprikosen abgießen und Saft dabei auffangen. Reistarte mit 12 Aprikosenhälften garnieren. Restliche Aprikosen mit 100 ml Saft pürieren, mit Süßstoff abschmecken und zu der Reistarte servieren.

Zubereitungszeit: ca. 20 Minuten
Garzeit: ca. 15 Minuten
Backzeit: ca. 30 Minuten
Pro Stück: ***POINTS***® Wert 2,5

2,5 POINTS WERT

Rezept: Andrea B., Oberhausen

Spaghetti mit Zucchini-Hackfleisch-Sauce

1. Spaghetti in Salzwasser bissfest garen. Zwiebeln würfeln, Zucchini halbieren und in Scheiben schneiden. Knoblauch zerdrücken, mit Tatar vermischen und mit Salz, Pfeffer und Paprika würzen.
2. Öl in einer tiefen beschichteten Pfanne erhitzen und Zwiebelwürfel, Tatar und Zucchinischeiben darin anbraten. Tomatenmark und Tomaten hinzufügen und mit Gemüsebrühe ablöschen.
3. Sauce ca. 5 Minuten köcheln lassen, mit Salz, Pfeffer, Zucker und Oregano abschmecken. Spaghetti abgießen und mit Zucchini-Hackfleisch-Sauce servieren.

Für 4 Personen:
400 g trockene Spaghetti
Salz
2 Zwiebeln
500 g Zucchini
2 Knoblauchzehen
300 g Tatar
1 TL Paprikapulver, rosenscharf
Pfeffer
1 TL Pflanzenöl
2 EL Tomatenmark
500 g stückige Tomaten (Konserve)
300 ml Gemüsebrühe (1 1/2 TL Instant)
1 Prise Zucker
2 TL getrockneter Oregano

Zubereitungszeit: ca. 10 Minuten
Garzeit: ca. 15 Minuten
Pro Person: *POINTS*® Wert 5,5

Rezept: Sandra Z., Bad Rodach

Tipp: Statt Zucchini schmecken auch gemischte Pilze oder Auberginen.

Gefüllte Auberginen

Für 4 Personen:
4 Auberginen
4 Zwiebeln
2 gelbe Paprikaschoten
3 Knoblauchzehen
540 g Tatar
Salz
Pfeffer
1 TL Chilipulver
1 TL Pflanzenöl
300 g stückige Tomaten (Konserve)
1 Prise Zucker
4 Zweige Thymian (ersatzweise 2 TL gerebelter Thymian)
125 ml fettarme Milch
2 EL Paniermehl
90 g geriebener Parmesan
4 EL Saure Sahne

1. Auberginen längs halbieren, auf ein mit Backfolie ausgelegtes Backblech legen und im vorgeheizten Backofen bei 180°C (Gas: Stufe 2, Umluft: 160°C) auf mittlerer Schiene ca. 30 Minuten backen. Auberginen aus dem Backofen nehmen und auskühlen lassen.
2. Zwiebeln und Paprika in Würfel schneiden. Knoblauch zerdrücken, mit Tatar vermengen und mit Salz, Pfeffer und Chilipulver würzen. Öl in einer beschichteten Pfanne erhitzen, Zwiebelwürfel und Tatarmischung darin anbraten, mit Tomaten ablöschen und mit Salz, Pfeffer und Zucker abschmecken.
3. Auberginen in eine Auflaufform (ca. 24 x 30 cm) setzen, jeweils in die Mitte eine Mulde drücken und mit Tatarmasse füllen. Thymianblättchen abzupfen, mit Milch, Paniermehl, Parmesan und Saurer Sahne verrühren, über die Auberginen geben und im vorgeheizten Backofen bei 200°C (Gas: Stufe 3, Umluft: 180°C) auf mittlerer Schiene ca. 15 Minuten überbacken.

Zubereitungszeit: ca. 30 Minuten
Garzeit: ca. 5 Minuten
Backzeit: ca. 45 Minuten
Pro Person: *POINTS*® Wert 5

Rezept: Juliane K., Mössingen

Tipp: Dazu schmeckt ein bunter Salat.

Bettinas Erfolgsrezept

Spinat-Lachs-Kartoffelauflauf

Für 4 Personen:

10 mittelgroße Kartoffeln
Salz
2 Zwiebeln
500 g Blattspinat (frisch oder TK)
1 TL Pflanzenöl
2 Knoblauchzehen
Pfeffer
geriebene Muskatnuss
100 ml Gemüsebrühe (1/2 TL Instant)
375 g Lachsfilet (frisch oder TK)
1 EL Zitronensaft
6 EL Cremefine zum Kochen (z. B. von Rama)
90 g geriebener Käse, 30% Fett i.Tr.

1. Pellkartoffeln in Salzwasser kochen, abgießen und abkühlen lassen. Kartoffeln pellen und in Scheiben schneiden. Zwiebeln würfeln und Blattspinat bei Bedarf auftauen lassen.
2. Öl in einer beschichteten Pfanne erhitzen, Knoblauch zerdrücken und mit Zwiebelwürfeln darin anbraten. Blattspinat ausdrücken, zugeben, mit Salz, Pfeffer und Muskatnuss abschmecken, Gemüsebrühe angießen und ca. 5 Minuten bei schwacher Hitze garen.
3. Lachs in Stücke schneiden, mit Zitronensaft säuern und salzen. Die Hälfte der Kartoffeln in eine Auflaufform (ca. 28 x 24 cm) schichten, Spinatmischung und Lachs darauf verteilen und mit den restlichen Kartoffelscheiben abdecken. Cremefine mit Käse verrühren, auf dem Spinat-Lachs-Kartoffelauflauf verteilen und im vorgeheizten Backofen bei 180°C (Gas: Stufe 2, Umluft: 160°C) auf mittlerer Schiene ca. 30 Minuten goldgelb backen.

Zubereitungszeit: ca. 20 Minuten
Garzeit: ca. 25 Minuten
Backzeit: ca. 30 Minuten
Pro Person: *POINTS®* Wert 7,5

Rezept: Bettina B., Ense

So angelt man sich einen Mann

Gemeinsam mit Mutter und Schwester besuchte Bettina ein **Weight Watchers** Treffen, nachdem sie erfolglos versucht hatte, auf eigene Faust abzunehmen. »Ich war verblüfft, wie einfach Abnehmen ist und freute mich jede Woche auf unseren **Weight Watchers** Tag und die lustige Runde im Treffen«, berichtet die Bankkauffrau begeistert. »In besonders guter Erinnerung sind mir unsere Familienabende nach den Treffen geblieben. Oft sind wir danach essen gegangen und haben auch mal über die Stränge geschlagen. Da durfte es schon mal ein leckerer Cocktail zur Belohnung für eine gute Abnahme sein«, erzählt sie lachend. »Am nächsten Tag ging es dann aber wieder mit dem Programm weiter.«
Bettina blickt zurück und sagt: »Aus den **Weight Watchers** Rezepten habe ich mir viele Anregungen geholt und damit meine eigenen Rezepte ›schlank‹ zubereitet. Mir hat es sehr geholfen, dass ich im Voraus geplant und gekocht habe. Meine Kollegen waren oft regelrecht eifersüchtig, wenn ich meine Portionen auspackte.«
Mit den purzelnden Pfunden veränderte Bettina nicht nur ihr Äußeres, sondern wurde auch wieder selbstbewusster – da blieben die Verehrer nicht aus. Mittlerweile ist die attraktive 27-Jährige glücklich verheiratet. »Mein Mann war und ist richtig begeistert von den **Weight Watchers** Gerichten – ich habe ihn mit den leckeren Rezepten geangelt«, sagt sie schmunzelnd. »Auch unser Besuch ist übrigens immer voll des Lobes, wenn wir à la **Weight Watchers** kochen und ist überrascht, wenn er erfährt, welchen geringen *POINTS*® Wert das Essen hat.«

Filettopf »süß-scharf«

Für 4 Personen:
600 g Hähnchenbrustfilet
4 Zwiebeln
300 g Pfirsiche (Konserve ohne Zucker)
1 TL Pflanzenöl
Salz
Pfeffer
2 TL Currypulver
1 TL Mehl
3 EL Pfirsichsaft (Konserve ohne Zucker)
300 ml Gemüsebrühe (1 1/2 TL Instant)
500 g Erbsen (TK)
1 TL Chilipulver
2 TL Paprikapulver, rosenscharf
480 g gegarte Vollkornnudeln

1. Hähnchenbrust in Streifen schneiden, Zwiebeln würfeln, Pfirsiche abgießen, Saft auffangen und Pfirsiche in Würfel schneiden. Öl in einer tiefen beschichteten Pfanne erhitzen und Hähnchenbruststreifen darin anbraten. Mit Salz und Pfeffer würzen, Hähnchenbrust herausnehmen und beiseite stellen.
2. Zwiebelwürfel im Bratsatz andünsten, Currypulver und Mehl einstreuen, mit Pfirsichsaft und Gemüsebrühe ablöschen, Erbsen hinzufügen und ca. 5 Minuten köcheln lassen.
3. Pfirsichwürfel und Hähnchenbruststreifen in die Currysauce geben, erhitzen, mit Chili-, Paprikapulver, Salz und Pfeffer abschmecken und mit Vollkornnudeln servieren.

Zubereitungszeit: ca. 20 Minuten
Garzeit: ca. 10 Minuten
Pro Person: ***POINTS***® Wert 6

Rezept: Katrin A., Dortmund

Tipp: **Das schmeckt allen:** Die Vollkornnudelmenge können Sie beliebig erhöhen, bis Sie satt sind. Der ***POINTS***® Wert erhöht sich dabei lediglich auf 7 pro Person.

Chicken-Nuggets mit Risi Bisi

Für 4 Personen:
150 g trockener Reis
Salz
2 EL Senf
250 ml Buttermilch
Pfeffer
480 g Hähnchenbrustfilet
8 EL Paniermehl
300 g Erbsen (Konserve)
2 Scheiben gekochter Schinken, ohne Fett
1 EL gehackte Petersilie
160 ml Ketchup

1. Reis in Salzwasser nach Packungsanweisung bissfest garen. Senf und Buttermilch verrühren, mit Salz und Pfeffer abschmecken. Hähnchenbrust in mundgerechte Stücke schneiden, erst in Buttermilch-Senf-Mischung, dann in Paniermehl wenden.
2. Chicken-Nuggets auf ein mit Backfolie ausgelegtes Backblech legen und im vorgeheizten Backofen bei 220°C (Gas: Stufe 4, Umluft: 200°C) auf mittlerer Schiene ca. 12 Minuten knusprig backen. Nach der Hälfte der Backzeit Chicken-Nuggets wenden.
3. Erbsen abgießen und Schinken in Streifen schneiden. Reis abgießen, heiß mit Erbsen, Schinkenstreifen und Petersilie vermischen und kräftig mit Salz und Pfeffer würzen. Risi Bisi anrichten und mit Chicken-Nuggets und Ketchup servieren.

Zubereitungszeit: ca. 20 Minuten
Garzeit: ca. 15 Minuten
Backzeit: ca. 12 Minuten
Pro Person: *POINTS*® Wert 7,5

7,5 POINTS WERT®

Rezept: Stefanie A., Lingen

Tipp: Servieren Sie dazu einen Salat für den ***POINTS®*** Wert 0: 200 g Artischocken, in Wasser eingelegt (Konserve) und 250 g Cocktailtomaten halbieren, 1 Kopf Lollo bianco in mundgerechte Stücke zupfen und 2 Karotten raspeln. 4 EL Tomatensaft mit 2 EL Balsamicoessig, 1 TL Senf, 2 EL Gemüsebrühe (1 Prise Instant), 1/2 TL Honig und 1 Spritzer Worcestersauce, Salz und Pfeffer verrühren und mit den Salatzutaten vermischen.

Mailänder Schinkenauflauf

Für 4 Personen:
320 g trockene Gabel-Makkaroni
Salz
4 Zwiebeln
1 kg Champignons
6 Scheiben gekochter Schinken, ohne Fett
1 TL Pflanzenöl
2 Knoblauchzehen
500 g stückige Tomaten (Konserve)
1/2 TL Cayennepfeffer
3 TL getrockneter Oregano
1 Prise Zucker
1 TL Paprikapulver, edelsüß
6 EL geriebener Käse, 30% Fett i.Tr.

1. Nudeln in Salzwasser nach Packungsanweisung bissfest kochen, abgießen und auskühlen lassen. Zwiebeln in Würfel, Champignons in Scheiben und Schinken in Streifen schneiden.
2. Öl in einer beschichteten Pfanne erhitzen, Knoblauch zerdrücken, mit Zwiebelwürfeln und Champignonscheiben ca. 10 Minuten anbraten, mit Tomaten ablöschen und mit Salz, Cayennepfeffer, Oregano, Zucker und Paprikapulver würzen.
3. Nacheinander jeweils die Hälfte Nudeln, Schinkenstreifen und Champignon-Tomaten-Mix in eine Auflaufform (ca. 34 x 24 cm) schichten und Vorgang wiederholen. Auflauf mit Käse bestreut im vorgeheizten Backofen bei 180°C (Gas: Stufe 2, Umluft: 160°C) auf mittlerer Schiene ca. 20 Minuten goldgelb überbacken.

Zubereitungszeit: ca. 20 Minuten
Garzeit: ca. 25 Minuten
Marinierzeit: ca. 20 Minuten
Pro Person: *POINTS*® Wert 6,5

6,5 POINTS WERT®

Rezept: Silke T., Kiel

1. Zwiebeln und Sellerie würfeln. Zucchini und Karotten in Scheiben, Paprika in Streifen schneiden, Broccoli in Röschen teilen und Champignons vierteln. Karottenscheiben in Gemüsebrühe ca. 3 Minuten garen, Broccoliröschen zugeben, weitere ca. 3 Minuten garen, abgießen und Brühe auffangen.
2. Öl in einer beschichteten Pfanne erhitzen, Knoblauch zerdrücken, mit Zwiebel- und Selleriewürfeln und Champignonvierteln darin anbraten, salzen, pfeffern und aus der Pfanne nehmen. Mehl in den verbliebenen Bratfond einsieben und mit kalter Milch und Gemüsebrühe ablöschen. Sauce unter ständigem Rühren ca. 10 Minuten köcheln lassen, Schmelzkäse und Kräuter in die Sauce rühren und mit Salz, Pfeffer und Muskatnuss abschmecken.
3. Lasagneplatten und Gemüse mit Sauce in eine Auflaufform (ca. 21 x 33 cm) geben, Schichtung wiederholen und mit Lasagneplatten abschließen. Lasagne mit Käse bestreuen und im vorgeheizten Backofen bei 180°C (Gas: Stufe 2, Umluft: 160°C) auf mittlerer Schiene ca. 35 Minuten backen.

Für 4 Personen:
2 Zwiebeln
200 g Sellerieknolle
300 g Zucchini
2 Karotten
je 1 gelbe und rote Paprikaschote
600 g Broccoli
500 g Champignons
600 ml Gemüsebrühe (3 TL Instant)
1 EL Pflanzenöl
2 Knoblauchzehen
Salz
Pfeffer
4 EL Mehl
125 ml fettarme Milch
150 g Schmelzkäse, 25% Fett i.Tr.
2 EL Gartenkräuter (TK)
geriebene Muskatnuss
12 trockene Lasagneplatten
90 g geriebener Käse, 30% Fett i.Tr.

Zubereitungszeit: ca. 25 Minuten
Garzeit: ca. 15 Minuten
Backzeit: ca. 35 Minuten
Pro Person: *POINTS*® Wert 7,5

7,5 POINTS WERT®

Rezept: Marion B., Dortmund

Zucchini mit Ingwer-Karottenfüllung

Für 4 Personen:
400 g Karotten
2 Zwiebeln
1 TL Pflanzenöl
100 ml Gemüsebrühe (1/2 TL Instant)
3 cm Ingwerknolle (ersatzweise 1 TL Ingwerpulver)
Salz
Pfeffer
4 Zucchini (ca. 800 g)
2 Knoblauchzehen
150 g Frischkäse, 30% Fett i.Tr.
20 g gehobelte Mandeln
600 g gegarter Vollkornreis

1. Karotten und Zwiebeln in Würfel schneiden. Öl in einer beschichteten Pfanne erhitzen, Karotten- und Zwiebelwürfel darin andünsten, mit Gemüsebrühe ablöschen, Ingwer hineinreiben, mit Salz und Pfeffer würzen und ca. 5 Minuten köcheln lassen.
2. Zucchini längs halbieren, Zucchinifleisch herausschaben, dabei einen Rand stehen lassen, Zucchinifleisch klein hacken und zur Karotten-Zwiebelmischung geben. Knoblauch zerdrücken und mit Frischkäse in die Gemüsemischung rühren. Zucchinihälften mit Karottenmasse füllen und in eine Auflaufform (ca. 22 x 30 cm) setzen.
3. Zucchini im vorgeheizten Backofen bei 200°C (Gas: Stufe 3, Umluft: 180°C) auf mittlerer Schiene ca. 40 Minuten backen. Mandeln in einer beschichteten Pfanne fettfrei rösten. Zucchini mit Mandeln bestreuen und mit Vollkornreis servieren.

Zubereitungszeit: ca. 20 Minuten
Garzeit: ca. 10 Minuten
Backzeit: ca. 40 Minuten
Pro Person: *POINTS*® Wert 5

5 POINTS WERT®

Rezept: Lena L., Berlin

Gemüselasagne

Tipp: Der Auflauf eignet sich gut für Nudelreste.

Für 4 Personen:
320 g trockene Vollkornspaghetti
Salz, Pfeffer
2 Zwiebeln
je 1 rote und gelbe Paprikaschote
500 g Champignons
300 g Artischockenherzen, in Wasser eingelegt (Konserve)
2 Knoblauchzehen
360 g Tatar
1/2 TL Paprikapulver, rosenscharf
1 TL Pflanzenöl
4 EL Cremefine zum Kochen (z. B. von Rama)
1 Packung **Weight Watchers** Sauce Bolognese
1 Ei
80 g geriebener Käse, 30% Fett i.Tr.

Spaghetti-Champignon-Auflauf

1. Spaghetti in Salzwasser sehr bissfest kochen, abgießen und in eine runde Auflaufform (Ø 22 cm) geben. Zwiebeln in Würfel, Paprika in Streifen, Champignons in Scheiben schneiden und Artischocken abgießen.
2. Knoblauch zerdrücken, mit Tatar vermischen und mit Salz, Pfeffer und Paprika würzen. Öl in einer beschichteten Pfanne erhitzen, Zwiebelwürfel mit Champignonscheiben und Tatar darin anbraten, mit Cremefine ablöschen, **Weight Watchers** Sauce Bolognese einrühren, Paprikastreifen zufügen und Tatar-Pfanne vom Herd nehmen.
3. Ei mit der Tatar-Pfanne vermischen, über die Nudeln geben, Artischockenherzen aufsetzen, mit Käse bestreuen und im vorgeheizten Backofen bei 180°C (Gas: Stufe 2, Umluft: 160°C) auf mittlerer Schiene ca. 20 Minuten backen.

Zubereitungszeit: ca. 15 Minuten
Garzeit: ca. 10 Minuten
Backzeit: ca. 20 Minuten
Pro Person: ***POINTS***® Wert 7,5

7,5 POINTS WERT®

Rezept: Kerstin B., Falken

Curryrahmsuppe mit Huhn

Für 4 Personen:
2 Zwiebeln
1 Bund Frühlingszwiebeln
480 g Hähnchenbrustfilet
Saft von 2 Orangen (100 ml)
1 TL Pflanzenöl
Salz, Pfeffer
1 TL Paprikapulver, edelsüß
4 TL Currypulver
4 EL Mehl
1,5 Liter Geflügelfond (ersatzweise Gemüsebrühe 6 TL Instant)
300 g Ananasstücke (Konserve ohne Zucker)
100 ml Ananassaft (Konserve ohne Zucker)
1 TL Zucker
400 g frische Sojasprossen
4 EL Sauerrahm (Schmand)
8 Scheiben Baguettebrot

1. Zwiebeln in feine Würfel, Frühlingszwiebeln in Ringe, Hähnchenbrust in Streifen schneiden und Orangen auspressen.
2. Öl in einem Topf erhitzen, Hähnchenbruststreifen darin anbraten, mit Salz, Pfeffer und Paprika würzen, herausnehmen und beiseite stellen. Zwiebeln mit Currypulver im Bratfond anrösten, Mehl einsieben und unter Rühren kalten Fond und Orangensaft angießen.
3. Ananasstücke abgießen, Saft auffangen, zur Suppe geben und Zucker zufügen. Curryrahmsuppe ca. 25 Minuten köcheln lassen und mit Salz und Pfeffer abschmecken. Ca. 5 Minuten vor Garende Ananasstücke und Sojasprossen grob hacken, mit Frühlingszwiebelringen und Hähnchenbruststreifen zur Suppe geben und Sauerrahm einrühren. Curryrahmsuppe mit Baguette servieren.

Zubereitungszeit: ca. 20 Minuten
Garzeit: ca. 30 Minuten
Pro Person: *POINTS*® Wert 6

Rezept: Heike L., Coesfeld

Kabeljau mit Tomaten

und Champignons

Für 4 Personen:
500 g Tomaten
1 Zwiebel
2 Knoblauchzehen
200 g Champignons
4 Kabeljaufilets (à 150 g)
2 EL Zitronensaft
Salz
Pfeffer
1 TL gehackter Oregano
2 TL Pflanzenöl
150 g Sauerrahm (Schmand)
einige Blätter Basilikum

1. Tomaten, Zwiebel und Knoblauchzehen in kleine Würfel und Champignons in Scheiben schneiden. Fischfilets mit Zitronensaft beträufeln und mit Salz und Pfeffer würzen. Zwiebeln und Knoblauch mit Oregano im erhitzten Öl andünsten, Tomaten und Pilze zugeben. Gemüse ca. 2 Minuten bei starker Hitze schmoren, mit Salz und Pfeffer würzen und in eine Auflaufform füllen.

2. Fisch auf das Gemüse legen, mit Sauerrahm bestreichen und abgedeckt im vorgeheizten Backofen auf der mittleren Schiene bei 200 Grad (Gas: Stufe 3) ca. 20 Minuten im Ofen garen. Mit Basilikum garniert servieren.

Zubereitungszeit: ca. 20 Minuten
Garzeit: ca. 30 Minuten
Pro Person: *POINTS*® Wert 5

5 POINTS WERT®

Rezept: Stephanie S., Urbar

Zucchinicremesuppe

Für 4 Personen:
800 g Zucchini
200 g Karotten
100 g Sellerieknolle
2 Zwiebeln
1 TL Pflanzenöl
1,5 Liter Gemüsebrühe (8 TL Instant)
1 Knoblauchzehe
120 g Frischkäse, 30% Fett i.Tr.
Salz
Pfeffer
150 g Schweinebratenaufschnitt
25 g gemischte Kräuter (TK)
8 Scheiben Baguettebrot

1. Zucchini, Karotten, Sellerie und Zwiebeln in Würfel schneiden. Öl in einem Topf erhitzen, Karotten-, Sellerie- und Zwiebelwürfel darin andünsten, mit Gemüsebrühe ablöschen und ca. 10 Minuten köcheln lassen.
2. Zucchiniwürfel zur Suppe hinzufügen und weitere ca. 5 Minuten köcheln lassen. Knoblauch zerdrücken und mit Frischkäse einrühren, mit Salz und Pfeffer abschmecken und pürieren.
3. Schweinebraten in Streifen schneiden. Zucchinicremesuppe mit Bratenstreifen und Kräutern garnieren und mit Baguettebrot servieren.

Zubereitungszeit: ca. 15 Minuten
Garzeit: ca. 15 Minuten
Pro Person: *POINTS*® Wert 4,5

4,5 POINTS WERT®

Rezept: Claudine E., Xanten

Scharfe Hähnchen-Nudelpfanne

Für 4 Personen:
240 g trockene Nudeln
Salz
4 Hähnchenbrustfilets (à 120 g)
8 Karotten
2 Zucchini
4 Zwiebeln
4 TL Pflanzenöl
Chilipulver
Paprikapulver, rosenscharf

1. Nudeln in reichlich Salzwasser nach Packungsanweisung bissfest garen.
2. Hähnchenfilets in Streifen, Karotten und Zucchini in dünne Scheiben und Zwiebeln in Würfel schneiden. Fleischstreifen und Zwiebelwürfel im erhitzten Öl anbraten. Karotten- und Zucchinischeiben zufügen und alles ca. 8 Minuten garen.
3. Nudeln untermischen, anbraten, mit Salz, Chilipulver und Paprikapulver scharf würzen und in der Pfanne servieren.

Zubereitungszeit: ca. 15 Minuten
Garzeit: ca. 15 Minuten
Pro Person: *POINTS*® Wert 6

Rezept: Katja P., Stade

Putenbraten mit Tomatenreis

Für 4 Personen:
2 Karotten
2 Zucchini
2 Zwiebeln
2 Knoblauchzehen
1 Bund Frühlingszwiebeln
600 g Putenbrust
Salz
Pfeffer
200 g trockener Reis
1 TL Currypulver
165 g geschnittene Tomatenpaprika (Konserve)
150 g stückige Tomaten (Konserve)
150 ml Gemüsebrühe (1 1/2 TL Instant)
4 EL Sauerrahm (Schmand)

1. Karotten, Zucchini, Zwiebeln und Knoblauch grob würfeln. Frühlingszwiebeln in Ringe schneiden. Putenbrust mit Salz und Pfeffer einreiben. Zutaten in einen Bratschlauch geben und im vorgeheizten Backofen bei 180°C (Gas: Stufe 2, Umluft: 160°C) auf mittlerer Schiene ca. 1 Stunde garen.
2. Reis nach Packungsanweisung in Salzwasser mit Currypulver garen. Tomatenpaprika und Reis abgießen, mit Tomaten vermischen und erhitzen.
3. Bratschlauch öffnen, Putenbrust und die Hälfte des Gemüses herausnehmen und warm stellen. Restliches Gemüse mit Flüssigkeit und Brühe in einen Topf geben, Sauerrahm hinzufügen, Sauce pürieren und mit Salz und Pfeffer abschmecken. Putenbraten in Scheiben schneiden und mit Tomatenreis und Gemüsesauce servieren.

Zubereitungszeit: ca. 20 Minuten
Garzeit: ca. 1 Stunde
Pro Person: *POINTS*® Wert 6

Rezept: Christiane H., Weinheim

Tipp: Das Gericht kann im Sommer sehr gut gekühlt als Nudelsalat serviert werden.

Hefeklöße mit

Heidelbeeren

Für 12 Stück:

125 ml fettarme Milch
1 Würfel Hefe
5 EL Zucker
360 g Mehl
1 Prise Salz
90 g Halbfettmargarine
1 Ei
340 g Heidelbeeren (Konserve ohne Zucker)
1 EL Stärkemehl
100 ml Heidelbeersaft (Konserve ohne Zucker)
einige Tropfen flüssiger Süßstoff

1. Milch erwärmen, zerkleinerte Hefe und Zucker hinzufügen und ca. 10 Minuten quellen lassen. Mehl, Salz, Margarine und Ei in eine Schüssel geben, gequollenen Hefeansatz hinzufügen und gut unterschlagen. Schüssel mit einem Tuch abdecken und Teigansatz ca. 1 Stunde an einem warmen Ort aufgehen lassen, bis er sich verdoppelt hat.
2. Teig gut durchkneten und 12 Klöße formen. Diese nochmals ca. 15 Minuten aufgehen lassen. Wasser in einem ausreichend großen Topf aufkochen. Ein Geschirrtuch so in den Topf spannen, dass es das kochende Wasser nicht berührt, Klöße auflegen und zugedeckt ca. 20 Minuten bei geringer Hitze dämpfen.
3. Heidelbeeren abtropfen lassen, Saft auffangen. Stärkemehl mit 3 Esslöffeln Saft anrühren; restlichen Saft aufkochen und mit Stärkemehl binden. Heidelbeeren zufügen, mit Süßstoff abschmecken und lauwarm zu den Klößen servieren.

Zubereitungszeit: ca. 40 Minuten
Ruhezeit: ca. 1 Stunde 15 Minuten
Garzeit: ca. 20 Minuten
Pro Stück: *POINTS*® Wert 3

Rezept: Petra W., Rietschen

Moussaka

Für 4 Personen:
8 mittelgroße Kartoffeln
Salz
125 ml fettarme Milch
4 TL Halbfettmargarine
geriebene Muskatnuss
2 Auberginen
Pfeffer
2 Zwiebeln
2 Knoblauchzehen
480 g Tatar
2 TL Moussaka-Gewürz (ersatzweise 2 TL Thymian und 1 Prise Zimt)
1 TL Pflanzenöl
300 g stückige Tomaten (Konserve)
90 g geriebener Käse, 30% Fett i.Tr.

1. Kartoffeln in Salzwasser kochen und heiß durch eine Kartoffelpresse drücken oder mit einem Kartoffelstampfer zerstampfen. Milch erhitzen und mit Margarine in der Kartoffelmasse verrühren. Püree mit Salz und Muskatnuss abschmecken.
2. Auberginen in Scheiben schneiden, auf Bratfolie beidseitig fettfrei anbraten, salzen und pfeffern. Zwiebeln würfeln und Knoblauch zerdrücken, mit Tatar vermischen und mit Salz, Pfeffer und Moussaka-Gewürz abschmecken. Öl in einer beschichteten Pfanne erhitzen, Tatarmischung darin ca. 3 Minuten anbraten und mit Tomaten ablöschen.
3. Die Hälfte des Pürees in eine Auflaufform (ca. 34 x 22 cm) schichten, Tatarmischung und Auberginenscheiben darüber geben, restliches Püree aufschichten und mit Käse bestreuen. Moussaka im vorgeheizten Backofen bei 200°C (Gas: Stufe 3, Umluft: 180°C) auf mittlerer Schiene ca. 30 Minuten goldbraun backen.

Zubereitungszeit: ca. 30 Minuten
Garzeit: ca. 25 Minuten
Backzeit: ca. 30 Minuten
Pro Person: *POINTS*® Wert 6,5

6,5 POINTS WERT®

Rezept: Heike M., Harrislee

Tortellini-Salat

Für 4 Personen:
280 g trockene Tortellini
Salz
800 g Zucchini
6 Scheiben gekochter Schinken, ohne Fett
1 Bund Frühlingszwiebeln
8 Strauchtomaten
2 Knoblauchzehen
25 g Salatkräuter (TK)
6 EL Saure Sahne
100 ml Gemüsebrühe (1/2 TL Instant)
60 g Mayonnaise, 20% Fett
Pfeffer

1. Tortellini nach Packungsanweisung in Salzwasser bissfest kochen, abgießen und auskühlen lassen. Zucchini und Schinken in Würfel, Frühlingszwiebeln in Ringe, Tomaten in Scheiben schneiden und mit den Tortellini vermischen.
2. Knoblauch zerdrücken, mit Salatkräutern, Saurer Sahne, Gemüsebrühe und Mayonnaise verrühren, unter den Salat heben und mit Salz und Pfeffer abschmecken. Tortellini-Salat im Kühlschrank ca. 2 Stunden durchziehen lassen und servieren.

Zubereitungszeit: ca. 20 Minuten
Garzeit: ca. 15 Minuten
Marinierzeit: ca. 2 Stunden
Pro Person: *POINTS*® Wert 6,5

6,5 POINTS WERT®

Rezept: Angelika K., Ulm

Lauchkuchen

Für 12 Stück:
3 Stangen Lauch
300 g Champignons
2 Zwiebeln
2 Knoblauchzehen
1 TL Pflanzenöl
Salz
Pfeffer
2 Eier
1 Packung Pizzateig (350 g, z. B. von Dr. Oetker)
125 ml fettarme Milch
6 EL Crème légère (ersatzweise Saure Sahne)
120 g geriebener Käse, 30% Fett i.Tr.
geriebene Muskatnuss
1 Bund glatte Petersilie

1. Lauch in Ringe, Champignons in Scheiben schneiden, Zwiebeln würfeln und Knoblauch zerdrücken. Öl in einer beschichteten Pfanne erhitzen, Zwiebelwürfel mit Knoblauch und Champignonscheiben anbraten und mit Salz und Pfeffer würzen.
2. Pizzateig nach Packungsanweisung vorbereiten und auf einem mit Backfolie ausgelegten Backblech ausrollen. Lauchringe und Champignonpfanne auf den Teig geben. Eier mit Milch, Crème légère und geriebenem Käse verquirlen, mit Salz, Pfeffer und Muskatnuss abschmecken und gleichmäßig auf dem Lauchkuchen verteilen.
3. Petersilie hacken. Lauchkuchen im vorgeheizten Backofen bei 220°C (Gas: Stufe 4, Umluft: 200°C) auf mittlerer Schiene ca. 30 Minuten goldbraun backen und mit Petersilie garniert servieren.

Zubereitungszeit: ca. 20 Minuten
Garzeit: ca. 5 Minuten
Backzeit: ca. 30 Minuten
Pro Stück: *POINTS*® Wert 4

Rezept: Tanja L., Kaltenkirchen

Fisch-Gemüse-Spieße

Für 8 Stück:
400 g Tunfischfilet
50 ml Teriyaki-Sauce
2 Auberginen
2 gelbe Paprikaschoten
16 Kirschtomaten
8 Holzspieße
2 TL Kräuterbutter

1. Tunfisch in Würfel schneiden, mit der Teriyaki-Sauce beträufeln und ca. 2 Stunden kalt stellen.
2. Auberginen in dicke Scheiben und Paprikaschoten in Würfel schneiden. Gemüse abwechselnd mit Tomaten und Tunfischwürfeln auf Holzspieße stecken und unter mehrmaligem Wenden ca. 8 Minuten im Backofen grillen. Nach ca. 4 Minuten mit der Kräuterbutter bestreichen.

Zubereitungszeit: ca. 10 Minuten
Marinierzeit: ca. 2 Stunden
Grillzeit: ca. 8 Minuten
Pro Stück: *POINTS*® Wert 3

3 POINTS WERT®

Rezept: Petra Z., Barrien

Fisch-Kartoffel-Karotten-Gratin

1. Kartoffeln und Karotten schälen, in dünne Scheiben schneiden und ca. 5 Minuten in kochender Brühe garen. Fischfilets in 4 Portionen teilen, mit Zitronensaft beträufeln, salzen, pfeffern und in eine Auflaufform (ca. 22 x 30 cm) legen. Senf mit Dill verrühren und Fischfilets damit bestreichen.
2. Kartoffeln und Karotten abtropfen lassen, Brühe dabei auffangen. Abgekühlte Kartoffel- und Karottenscheiben schuppenartig auf dem Fisch verteilen, pfeffern und mit Parmesan bestreuen. Restliche Karotten- und Kartoffelscheiben um den Fisch verteilen und 125 ml Brühe angießen. Im vorgeheizten Backofen bei 220°C (Gas: Stufe 4, Umluft: 200°C) auf mittlerer Schiene ca. 15 Minuten backen.
3. Cocktailtomaten halbieren und mit Feldsalat mischen. Essig mit Öl und 2 Esslöffeln Brühe verrühren, mit Salz und Pfeffer abschmecken und mit den Salatzutaten vermischen. Fisch-Kartoffel-Karotten-Gratin mit Salat servieren.

Zubereitungszeit: ca. 20 Minuten
Garzeit: ca. 5 Minuten
Backzeit: ca. 15 Minuten
Pro Person: *POINTS*® Wert 5,5

5,5 POINTS WERT®

Rezept: Lisbeth R., Tussenhausen

Für 4 Personen:
500 g festkochende Kartoffeln
250 g Karotten
500 ml Gemüsebrühe (2 1/2 TL Instant)
750 g Kabeljaufilet
Zitronensaft
Salz
Pfeffer
2 EL mittelscharfer Senf
1 TL gehackter Dill
6 EL geriebener Parmesan
200 g Cocktailtomaten
150 g Feldsalat
3 EL Weißweinessig
1 TL Pflanzenöl

DEE’s Burger spezial

1. Eiweiß steif schlagen. 2 Zwiebeln würfeln, Knoblauch zerdrücken, mit Tatar, Paniermehl und Senf vermischen, Eischnee unterheben und mit Salz, Pfeffer und Paprika würzen.
2. Aus der Tatarmasse 4 flache Frikadellen formen. Öl in einer beschichteten Pfanne erhitzen, Frikadellen darin rundherum ca. 5 Minuten braten. Restliche Zwiebeln in Ringe, Gewürzgurken und Tomaten in Scheiben schneiden und Salat in Blätter teilen. Brötchen aufschneiden, Unterhälften mit jeweils 1 Salatblatt belegen, Frikadellen darauflegen und je 2 Gurken- und Tomatenscheiben und Zwiebelringe darauf geben.
3. Tomatenmark mit Zitronensaft und Zucker verrühren, mit Salz und Pfeffer abschmecken, auf die Burger geben und Burger mit Brötchenoberhälften bedecken. Restliche Salatblätter und Zwiebelringe mit restlichen Gurken- und Tomatenscheiben vermischen und mit Essig und Sojasauce abschmecken. Burger mit Salat servieren.

Für 4 Personen:

1 Eiweiß
4 Zwiebeln
2 Knoblauchzehen
360 g Tatar
1 EL Paniermehl
1 TL Dijonsenf
Salz
Pfeffer
1 TL Paprikapulver, edelsüß
1 TL Pflanzenöl
200 g Gewürzgurken (Konserve)
800 g Tomaten
1 Kopfsalat
4 Sesambrötchen
2 EL Tomatenmark
1 EL Zitronensaft
1 Prise Zucker
Balsamicoessig
Sojasauce

Zubereitungszeit: ca. 20 Minuten
Garzeit: ca. 5 Minuten
Pro Person: ***POINTS***® Wert 4

Rezept: Diana L., Berlin

Für 4 Personen:
1 Ei
600 g Kartoffelkloßteig (Fertigprodukt aus dem Kühlregal)
Salz
Pfeffer
180 g Feta (Schafskäse)
180 g Saure Sahne
1 TL Cayennepfeffer
800 g Cocktailtomaten
400 g Rucola
2 EL Gemüsebrühe (1 Prise Instant)
4 EL heller Balsamicoessig

1. Ei unter den Kloßteig mischen, mit Salz und Pfeffer abschmecken und 8 Klöße formen. Kartoffelklöße zu runden flachen Fladen drücken und auf ein mit Backfolie ausgelegtes Backblech legen.
2. Kartoffelpizzen im vorgeheizten Backofen bei 200°C (Gas: Stufe 2, Umluft: 180°C) auf mittlerer Schiene ca. 20 Minuten backen. Feta zerbröseln mit Saurer Sahne verrühren, mit Cayennepfeffer würzen und mit Salz und Pfeffer abschmecken. Fetacreme bis auf 2 Esslöffel auf die vorgebackenen Pizzen streichen.
3. Tomaten halbieren, einen Teil mit der Schnittfläche nach unten auf die Pizzen verteilen, etwas andrücken und weitere ca. 10 Minuten backen. 40 g Rucola grob hacken. Restlichen Rucola mit restlichen Tomaten mischen. Restliche Fetamischung mit Brühe und Essig vermischen und mit dem Salat verrühren. Kartoffelpizzen mit gehacktem Rucola bestreuen und mit Salat servieren.

Zubereitungszeit: ca. 20 Minuten
Backzeit: ca. 30 Minuten
Pro Person: *POINTS*® Wert 7

Rezept: Angelika M., Bad Oeynhausen

Kartoffelpizzen mit Fetacreme und Rucola

Orangecake

Für 16 Stücke:
180 g Halbfett-margarine
135 g Zucker
1 Prise Salz
3 Eier
1 unbehandelte Orange
1 unbehandelte Zitrone
6 TL gemahlene Mandeln
240 g Mehl
80 g Stärkemehl
4 TL Backpulver
60 g Orangenkonfitüre, kalorienreduziert
einige Orangenzesten

1. Margarine mit Zucker und Salz schaumig schlagen. Eier einzeln unterrühren. Orangen- und Zitronenschale abreiben und Saft auspressen. Abgeriebene Schale und Mandeln unter die Eimasse ziehen. Mehl, Stärkemehl und Backpulver mischen, sieben und abwechselnd mit dem Saft unter den Teig ziehen.
2. Teig in eine mit Backfolie ausgelegte Kastenform (Länge 26 cm) füllen und im vorgeheizten Backofen auf mittlerer Schiene bei 180°C (Gas: Stufe 2) ca. 55 Minuten backen. Orangenkonfitüre erwärmen, glatt rühren und auf den ausgekühlten Kuchen streichen. Orangecake nach Wunsch mit Orangenzesten bestreut servieren.

Zubereitungszeit: ca. 30 Minuten
Backzeit: ca. 55 Minuten
Pro Stück: *POINTS*® Wert 3,5

3,5 POINTS WERT®

Rezept: Heike L., Merchingen

Schwarzwälder-Kirsch-Muffins

Für 12 Stück:
100 g Halbfett-margarine
160 g Mehl
2 Eier
20 ml Kirschwasser
75 g Schokoladen-puddingpulver
130 g Kakaogetränke-pulver (Instant mit Zucker)
1 Päckchen Backpulver
350 g Sauerkirschen (Konserve ohne Zucker)

1. Margarine mit Mehl, Eiern, Kirschwasser, Pudding-, Kakao- und Backpulver zu einem glatten Teig rühren. Kirschen abgießen und vorsichtig unterheben.
2. Teig auf 12 mit Papiermanschetten ausgekleidete Muffin-Formen verteilen und im vorgeheizten Backofen bei 180°C (Gas: Stufe 2, Umluft: 160°C) auf mittlerer Schiene ca. 30 Minuten backen.

Zubereitungszeit: ca. 10 Minuten
Backzeit: ca. 30 Minuten
Pro Stück: *POINTS*® Wert 3,5

3,5 POINTS WERT®

Rezept: Ilka S., Neumünster

Party-service

Ob Party, gemütliches Beisammensein oder Familienfest – in diesem Kapitel finden Sie für jeden Anlass die richtigen Rezepte. Mit raffiniertem Finger Food für bunte Buffets, dem klassischen Party-Topf, ausgefallenen Salatideen oder Party-Pizzen können Sie Ihre Gäste immer wieder neu verzaubern. Stellen Sie die verschiedenen Rezepte nach Lust und Laune zusammen – so wird Ihre Feier garantiert zum vollen Erfolg. Wir wünschen viel Vergnügen beim Feiern!

Für 9 Stück:

Für den Teig:
100 g Vollkornweizenmehl
50 g Weizenmehl
1/2 TL Backpulver
3 EL Zucker
einige Tropfen flüssiger Süßstoff
einige Tropfen Vanillearoma
1 Ei
60 g kalte Halbfettmargarine
6 TL Aprikosenkonfitüre, kalorienreduziert

Für den Belag:
50 g Halbfettmargarine
3 EL Zucker
60 ml fettarme Milch
50 g gehackte Haselnüsse
120 g kernige Haferflocken
6 EL Rosinen

1. Mehle und Backpulver mischen. 2/3 der Mehlmischung mit Zucker, Süßstoff, Vanillearoma und Ei zu einem dicken Brei verarbeiten. Margarine in Stücke schneiden, auf den Brei geben und schnell mit dem restlichen Mehl zu einem glatten Teig verkneten. Teig zu einem Rechteck (32–24 cm) ausrollen, auf ein mit Backfolie ausgelegtes Backblech legen und dünn mit der Konfitüre bestreichen.
2. Für den Belag: Margarine, Zucker und Milch erhitzen. Nüsse, Haferflocken und Rosinen unterrühren, kurz abkühlen lassen und auf dem Teig verteilen. Nussecken im vorgeheizten Backofen auf mittlerer Schiene bei 200°C (Gas: Stufe 3) ca. 20 Minuten backen. Nach dem Abkühlen in Dreiecke schneiden.

Zubereitungszeit: ca. 30 Minuten
Backzeit: ca. 20 Minuten
Pro Stück: ***POINTS***® Wert 5

Rezept: Gracia S., Obertshausen

Schlankes Tiramisu

Für 6 Personen:
375 ml fettarme Milch
120 g Zucker
2 EL Vanillepuddingpulver
300 g Magerquark
100 g Cremefine zum Schlagen (z. B. von Rama)
24 Löffelbiskuits
80 ml kalter Espresso
20 ml Amaretto
1 TL Kakaopulver, ohne Zucker

1. Milch zum Kochen bringen, mit 3 Esslöffeln Zucker und Puddingpulver nach Packungsanweisung einen Pudding kochen und abkühlen lassen. Quark mit restlichem Zucker verrühren, bis sich der Zucker gelöst hat. Cremefine steif schlagen und mit Pudding unter die Quarkmasse heben.
2. Die Hälfte der Löffelbiskuits in eine tiefe Auflaufform (ca. 15 x 20 cm) legen. Espresso mit Amaretto verrühren und die Hälfte über die Löffelbiskuits träufeln. Die Hälfte der Quarkmasse darauf geben. Restliche Löffelbiskuits darauf legen, mit restlicher Espressomischung beträufeln und restliche Quarkcreme darauf streichen. Tiramisu ca. 4 Stunden kalt stellen und vor dem Servieren mit Kakaopulver bestäuben.

Zubereitungszeit: ca. 20 Minuten
Garzeit: ca. 10 Minuten
Kühlzeit: ca. 4 Stunden
Pro Person: ***POINTS***® Wert 5

Rezept: Barbara S., Esslingen

Nussecken

Tipp: Lauwarm eingefroren schmecken die Nussecken nach dem Aufbacken wie frisch zubereitet.

Tipp: Dazu schmeckt ein bunter Salat.

Geflügel-Frikadellen

Für 12 Stück:
1 Bund Petersilie
250 g Champignons
540 g Geflügelhackfleisch
1/2 Päckchen Zwiebelsuppe (Instantprodukt)
175 g Speisequark, 20% Fett
Salz
Pfeffer
4 TL Pflanzenöl
einige Salatblätter

1. Petersilie fein hacken und Champignons in feine Würfel schneiden. Geflügelhackfleisch mit Zwiebelsuppenpulver, Petersilie, Champignonwürfel und Quark vermischen und mit Salz und Pfeffer abschmecken.
2. Öl in einer geräumigen beschichteten Pfanne erhitzen, 12 Frikadellen aus der Geflügelmasse formen und ca. 10 Minuten darin rundherum braten. Geflügel-Frikadellen mit Salat garniert servieren.

Zubereitungszeit: ca. 10 Minuten
Garzeit: ca. 10 Minuten
Pro Stück: *POINTS*® Wert 1,5

1,5 POINTS WERT®

Rezept: Elke S., Malchin

Tipp: Sie können sich Geflügelhackfleisch beim Fleischer bestellen oder selbst Geflügelbrustfilet durch einen Fleischwolf drehen.

Tarte Tatar

1. Zwiebeln würfeln, Mais, Tomatenpaprika und Champignons abgießen. Brötchen in Wasser einweichen, ausdrücken und Knoblauch zerdrücken. Zutaten mit Tatar, Eiern, Käse und Senf vermengen und mit Salz, Pfeffer, Paprika und Thymian würzen.
2. Tarte-Masse in eine mit Backfolie ausgelegte Springform (Ø 26 cm) füllen und im vorgeheizten Backofen bei 180°C (Gas: Stufe 2, Umluft: 160°C) auf mittlerer Schiene ca. 1 Stunde backen. Tarte Tatar etwas abkühlen lassen, aus der Form lösen, in Stücke schneiden und lauwarm servieren.

Zubereitungszeit: ca. 15 Minuten
Backzeit: ca. 1 Stunde
Pro Stück: *POINTS*® Wert 3

3 POINTS WERT®

Rezept: Marlis S., Berlin

Für 12 Stück:
4 Zwiebeln
200 g Mais (Konserve)
200 g geschnittene Tomatenpaprika (Konserve)
250 g Champignons in Scheiben (Konserve)
2 altbackene Brötchen
2 Knoblauchzehen
960 g Tatar
4 Eier
90 g geriebener Käse, 30% Fett i.Tr.
2 TL Senf
Salz
Pfeffer
2 TL Paprikapulver, rosenscharf
2 TL gerebelter Thymian

Uschi

Alter: 48 Jahre
Abnahme: 37,5 Kilo

Mein Triumph auf dem Wasser

Nachdem Uschi vieles ausprobiert hatte, kam sie zu **Weight Watchers**. Dort wollte sie eigentlich nur wissen, wie das Konzept funktioniert und das in erster Linie, weil ihr Mann abnehmen sollte. »Nach kurzer Zeit fühlte ich mich in meinem Treffen und bei meiner Leiterin so gut aufgehoben, dass ich blieb«, erzählt sie begeistert. Mittlerweile ist Uschi Gold Mitglied und hält ihr Gewicht seit fast zwei Jahren.

Auf die Frage, wie sie mit Gewichtsschwankungen umgeht, erzählt Uschi gelassen: »Sind es mal ein oder zwei Kilo mehr, führe ich wieder ***POINTS***® Tagebuch und nach kurzer Zeit ist mein Gewicht wieder ausgeglichen. Außerdem habe ich einen persönlichen Anker – mein ›Messbüchlein‹: Während der Abnahme habe ich bei mir Maß genommen und jeden verschwundenen Zentimeter notiert. Insgesamt habe ich an Bauch, Beinen und Po stolze 113 cm verloren. Das Messen hat mir z. B. über Gewichtsstillstände hinweggeholfen – ich kann es jedem nur empfehlen!«

Uschi achtet beim Kochen bewusst auf den Fleisch- und Fettanteil. Und wenn mal Gäste kommen, wissen die, dass sie fettarm kocht. Alle sind von den schlanken Gerichten begeistert und holen sich mit Genuss einen Nachschlag.

Ein besonderes Erlebnis war es für Uschi, als sie sich nach der Abnahme einen großen Traum erfüllt hat: »Nach 20 Jahren stand ich endlich mal wieder auf Wasserskiern, das war ein unbeschreiblich schönes Gefühl«, berichtet sie, »**Weight Watchers** hat mein Leben verändert – ich bin stolz, glücklich und zufrieden.«

Uschis Erfolgsrezept

Pizza-Brötchen

Für 12 Stück:

6 Toastbrötchen (ersatzweise Brötchen)
4 TL Olivenöl
5 Strauchtomaten
2 gelbe Paprikaschoten
60 g Schafskäse light, 25% Fett i.Tr.
12 Scheiben roher Schinken, ohne Fett
Salz
Pfeffer
6 Scheiben Schnittkäse, 30% Fett i.Tr.
einige Basilikumblätter zum Garnieren

Rezept: Uschi S., Ilvesheim

1. Toastbrötchen halbieren, nach Packungsanweisung toasten und mit Öl beträufeln. Tomaten in Scheiben, Paprika in Streifen schneiden und Schafskäse zerbröckeln.
2. Brötchenhälften mit je 1 Teelöffel Schafskäse, Paprikastreifen, 1 Scheibe Schinken und 2 Tomatenscheiben belegen, salzen und pfeffern. Käse in Streifen schneiden, Pizza-Brötchen damit belegen, auf ein mit Backfolie ausgelegtes Backblech setzen und im vorgeheizten Backofen bei 220°C (Gas: Stufe 4, Umluft: 200°C) auf mittlerer Schiene ca. 5 Minuten überbacken. Pizza-Brötchen mit Basilikum garniert servieren.

Zubereitungszeit: ca. 15 Minuten
Garzeit: ca. 5 Minuten
Pro Stück: *POINTS®* Wert 3

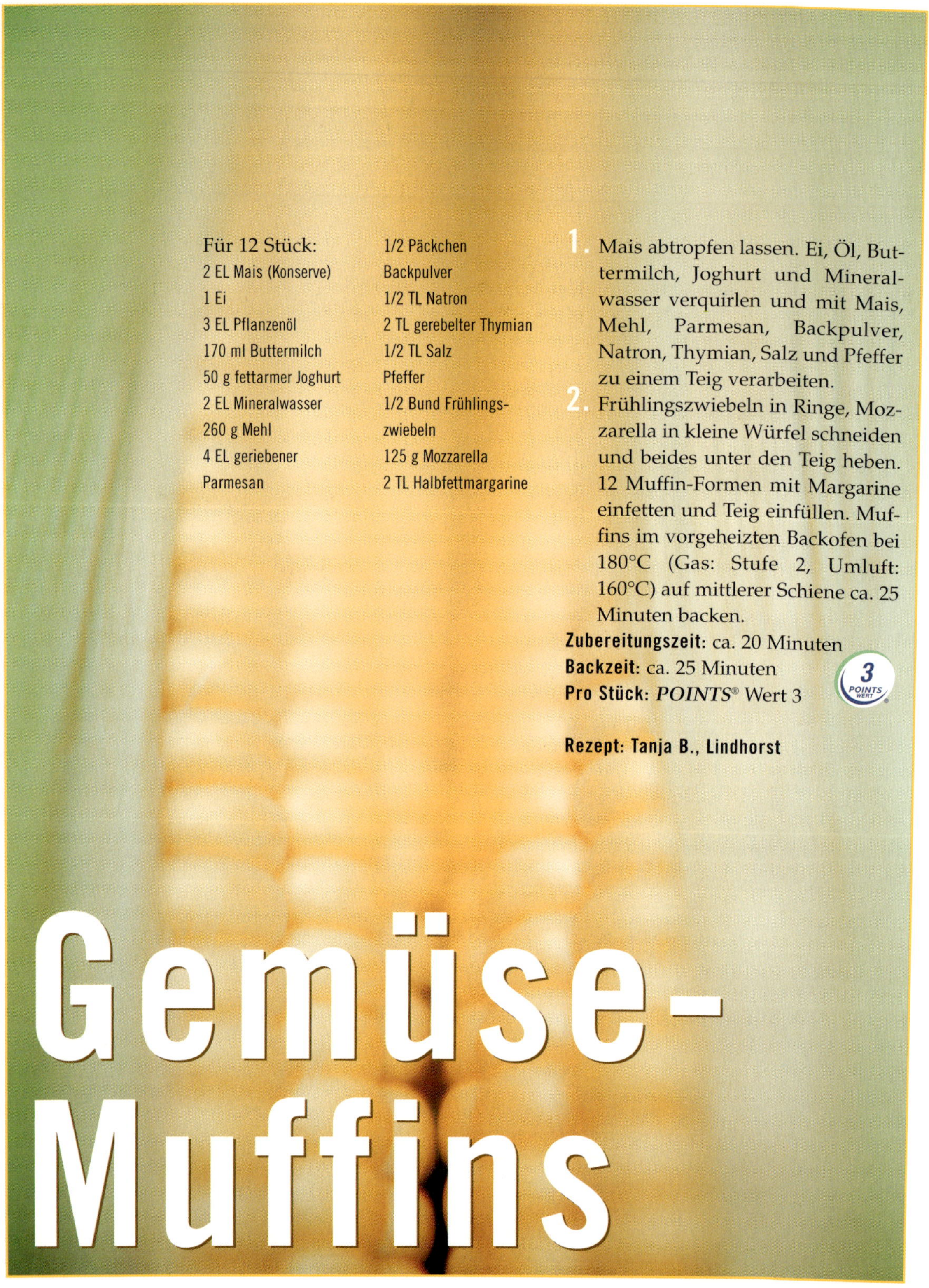

Gemüse-Muffins

Für 12 Stück:
- 2 EL Mais (Konserve)
- 1 Ei
- 3 EL Pflanzenöl
- 170 ml Buttermilch
- 50 g fettarmer Joghurt
- 2 EL Mineralwasser
- 260 g Mehl
- 4 EL geriebener Parmesan
- 1/2 Päckchen Backpulver
- 1/2 TL Natron
- 2 TL gerebelter Thymian
- 1/2 TL Salz
- Pfeffer
- 1/2 Bund Frühlingszwiebeln
- 125 g Mozzarella
- 2 TL Halbfettmargarine

1. Mais abtropfen lassen. Ei, Öl, Buttermilch, Joghurt und Mineralwasser verquirlen und mit Mais, Mehl, Parmesan, Backpulver, Natron, Thymian, Salz und Pfeffer zu einem Teig verarbeiten.
2. Frühlingszwiebeln in Ringe, Mozzarella in kleine Würfel schneiden und beides unter den Teig heben. 12 Muffin-Formen mit Margarine einfetten und Teig einfüllen. Muffins im vorgeheizten Backofen bei 180°C (Gas: Stufe 2, Umluft: 160°C) auf mittlerer Schiene ca. 25 Minuten backen.

Zubereitungszeit: ca. 20 Minuten
Backzeit: ca. 25 Minuten
Pro Stück: *POINTS*® Wert 3

Rezept: Tanja B., Lindhorst

1. Frühlingszwiebeln in Ringe, Tomaten in Würfel und Paprikaschoten in Streifen schneiden. Öl erhitzen, Garnelen darin anbraten und mit Salz und Pfeffer würzen. Gemüse zufügen und ca. 4 Minuten andünsten.

2. Eier, Saure Sahne und Dill verrühren und mit Salz, Pfeffer und Zitronensaft würzen. Gemüse, Garnelen und Eiermilch unterrühren und pikant würzen. 6 Scheiben Knäckebrot in eine Auflaufform (24 x 28 cm) legen und Gemüsemasse darauf verteilen. Restliches Knäckebrot zerbröckeln und mit Käse über den Auflauf streuen. Im vorgeheizten Backofen bei 200°C (Gas: Stufe 3) auf mittlerer Schiene ca. 20 Minuten überbacken.

Zubereitungszeit: ca. 20 Minuten
Garzeit: ca. 5 Minuten
Backzeit: ca. 20 Minuten
Pro Person: *POINTS*® Wert 6,5

Rezept: Nicole A., Buxtehude

Für 4 Personen:
- 1 Bund Frühlingszwiebeln
- 4 Tomaten
- 2 gelbe Paprikaschoten
- 2 TL Pflanzenöl
- 240 g Garnelen, küchenfertig
- Salz
- Pfeffer
- 3 Eier
- 120 g Saure Sahne
- 1/2 TL Dill
- 1 TL Zitronensaft
- 8 Scheiben Mehrkorn Knäcke (z. B. Wasa)
- 4 EL geriebener Käse, 32% Fett i.Tr.

Knuspriger Garnelenkuchen

Tomaten-Paprika-Cremesuppe

Für 8 Personen:
8 rote Paprikaschoten
2 Stangen Lauch
1 Liter Gemüsebrühe (5 TL Instant)
800 g stückige Tomaten (Konserve)
Salz
Pfeffer
4 TL Paprikapulver, edelsüß
4 TL Honig
2 Zweige frischer Rosmarin
100 g Sauerrahm (Schmand)
Rosmarin zum Garnieren

1. Paprika in Streifen, Lauch in Ringe schneiden, in einen Topf geben, mit Gemüsebrühe auffüllen und ca. 20 Minuten köcheln lassen.
2. Tomaten hinzufügen, mit Salz, Pfeffer, Paprika und Honig abschmecken und aufkochen lassen. Rosmarin hacken, zur Suppe geben und mit 4 Esslöffeln Sauerrahm pürieren. Restlichen Sauerrahm auf die Suppe geben und mit Rosmarin garniert servieren.

Zubereitungszeit: ca. 30 Minuten
Garzeit: ca. 25 Minuten
Pro Person: *POINTS®* Wert 1

1 POINTS WERT ®

Rezept: Christine K., Rheine

Griechischer Nudelsalat

Für 8 Personen:
500 g trockene Kritharaki (griechische Reisnudeln)
Salz
50 g mediterrane Kräuter (TK)
je 2 gelbe und 2 rote Paprikaschoten
3 Zucchini
300 g Schafskäse light, 25% Fett i.Tr.
4 TL Olivenöl
100 ml Gemüsebrühe (1/2 TL Instant)
Pfeffer
1 EL Zitronensaft

1. Reisnudeln in Salzwasser nach Packungsanweisung bissfest kochen, abgießen und auskühlen lassen. Kräuter auftauen lassen, Paprika und Zucchini in Würfel schneiden und mit den Reisnudeln vermischen.
2. Schafskäse zerbröckeln und mit Öl, Gemüsebrühe und Kräutern unter den Salat heben. Mit Salz, Pfeffer und Zitronensaft abschmecken und servieren.

Zubereitungszeit: ca. 15 Minuten
Garzeit: ca. 15 Minuten
Pro Person: *POINTS®* Wert 5

5 POINTS WERT ®

Rezept: Denise S., Bremen

Tipp:

Reisnudeln bekommt man in türkischen oder griechischen Lebensmittelgeschäften und gut sortierten Supermärkten.

Tipp: **Der Party-Klassiker:** Dazu schmecken kleine geröstete Baguette-Ciabatta-Scheiben. Berechnen Sie pro Scheibe den ***POINTS®*** Wert 1 zusätzlich.

Tunfisch-Frikadellen

Für 12 Stück:
2 Zwiebeln
3 Dosen Tunfisch im eigenen Saft (Konserve)
2 Eier
5 EL Haferflocken
3 EL Paniermehl
2 EL gehackter Dill
Salz
Pfeffer
1 TL Pflanzenöl

1. Zwiebeln in feine Würfel schneiden und Tunfisch abgießen. Eier mit Haferflocken, Paniermehl, Tunfisch, Zwiebelwürfeln und Dill vermengen und mit Salz und Pfeffer würzen.
2. Aus der Tunfischmasse 12 Frikadellen formen. Öl in einer geräumigen beschichteten Pfanne erhitzen und Tunfisch-Frikadellen bei mittlerer Hitze ca. 10 Minuten rundherum goldbraun braten.

Zubereitungszeit: ca. 15 Minuten
Garzeit: ca. 10 Minuten
Pro Stück: *POINTS*® Wert 1,5

Rezept: Heidemarie H., Paderborn

Tipp: Als Partysnack oder kleine Vorspeise ein Hit. Als Vorspeise servieren Sie ein paar Kugeln auf bunten Salatblättern.

Herzhafte Honig-Tatar-Sesam-Kugeln

1. Tatar mit Ei, Sojasauce, Honig und Paniermehl vermengen und aus der Masse 20 kleine Kugeln formen.
2. Öl in einer geräumigen beschichteten Pfanne erhitzen, Tatarkugeln in Sesam wälzen und in der Pfanne bei mittlerer Hitze ca. 8 Minuten rundherum goldbraun braten.

Zubereitungszeit: ca. 15 Minuten
Garzeit: ca. 8 Minuten
Pro Stück: *POINTS*® Wert 1

Rezept: Monika S., Berlin

Für 20 Stück:
480 g Tatar
1 Ei
2 EL Sojasauce
4 TL Honig
4 EL Paniermehl
2 TL Pflanzenöl
50 g Sesam

1. Für den Gemüse-Dip Zwiebeln würfeln, Aubergine schälen, längs halbieren und in Scheiben schneiden. Öl in einem Topf erhitzen, Knoblauchzehe zerdrücken und mit Zwiebelwürfeln und Auberginenscheiben darin anbraten. Mit Tomatensaft ablöschen, mit Salz, Pfeffer und Paprika würzen und ca. 10 Minuten bei mittlerer Hitze köcheln lassen. Gemüse-Dip pürieren, auskühlen lassen und Schnittlauch unterheben.

2. Für den Kräuter-Dip Zwiebel würfeln und Knoblauch zerdrücken. Öl in einem Topf erhitzen, Zwiebelwürfel und Knoblauch darin anbraten, Kräuter der Provence einstreuen, mit Gemüsebrühe ablöschen und vom Herd nehmen. Saure Sahne, Sauerrahm, Zitronensaft und Frischkäse zu den Kräuterzwiebeln geben, pürieren und mit Salz und Pfeffer abschmecken. Petersilie und Schnittlauch in den Dip rühren und im Kühlschrank auskühlen lassen.

3. Für den Curry-Dip Banane in Scheiben schneiden. Bananenscheiben und Mandarinen mit Saurer Sahne, Sauerrahm, Zitronensaft und Currypulver pürieren. Curry-Dip mit Salz, Pfeffer und Süßstoff abschmecken.

Zubereitungszeit: ca. 30 Minuten
Garzeit: ca. 15 Minuten
Pro Person: *POINTS*® Wert 1,5

Rezept: Angela P., Kiel

Für 6 Personen:

Für den Gemüse-Dip:

- 2 Zwiebeln
- 1 Aubergine
- 1 TL Olivenöl
- 1 Knoblauchzehe
- 200 ml Tomatensaft
- Salz
- Pfeffer
- 1/2 TL Paprikapulver, rosenscharf
- 1 EL Schnittlauchringe

Für den Kräuter-Dip:

- 1 Zwiebel
- 1 Knoblauchzehe
- 1 TL Olivenöl
- 2 TL getrocknete Kräuter der Provence
- 3 EL Gemüsebrühe (1 Prise Instant)
- 4 EL Saure Sahne
- 1 EL Sauerrahm (Schmand)
- 1 EL Zitronensaft
- 2 EL Frischkäse, 30% Fett i.Tr.
- 1 EL gehackte Petersilie
- 1 EL Schnittlauchringe

Für den Curry-Dip:

- 1 kleine Banane (100 g)
- 100 g Mandarinen (Konserve ohne Zucker)
- 2 EL Saure Sahne
- 1 EL Sauerrahm (Schmand)
- 1 EL Zitronensaft
- 2 TL Currypulver
- einige Tropfen flüssiger Süßstoff

Tipp: Die Dips passen zu Fondue, Gemüsestiften, Pellkartoffeln, gegrilltem Fisch und Fleisch.

Verschiedene Dips

Neues Jahr – neues Glück

Mit der Jahrtausendwende änderte sich Monikas Leben: Sie trennte sich von ihrem Mann und startete mit dem Abnehmen. Dabei entschied sie sich für **Weight Watchers**, denn schon vor Jahren hatte sie mit dem Programm erfolgreich abgenommen. Mit den purzelnden Pfunden konnte sie sich gleichzeitig von ihrem erhöhten Blutdruck und zu hohen Blutcholesterinwerten verabschieden.

Durch **Weight Watchers** kam auch mehr Bewegung in Monikas Leben. Gemeinsam mit ihrer Leiterin und anderen Teilnehmern begann sie mit dem Walking – heute ist regelmäßige Bewegung nicht mehr aus ihrem Leben wegzudenken. Die fitte 52-Jährige ist mindestens viermal pro Woche aktiv und sagt von sich: »Sport ist heute meine größte Leidenschaft, vor allem das Indoor-Cycling hat es mir angetan.«

Was Monika besonders freut, ist, dass nicht nur sie sich seit der Ernährungsumstellung mit **Weight Watchers** gesünder und ausgewogener ernährt – auch bei ihren beiden erwachsenen Söhnen stehen Mahlzeiten mit viel Gemüse hoch im Kurs. Hat sie anfangs noch zweierlei Süppchen gekocht, bestanden die Söhne bald von selbst auf die lecker-leichten Gerichte. »Mit zwei Männern im Haus gibt es ganz schön viel Gemüse zu schnippeln, vor allem weil auch deren Freunde gern bei uns zugreifen«, berichtet die leidenschaftliche Köchin.

Schlank und gesund – die selbstständige Hausverwalterin hat ihr Ziel erreicht und hält ihr Wunschgewicht als Gold Mitglied seit fast zwei Jahren. Monika hat sich in eine echte Powerfrau verwandelt und berichtet lachend: »Es macht alles wieder Spaß, ich bin viel unterwegs und genieße mein Leben, das wieder von vorn angefangen hat.«

Monika
Alter: 52 Jahre
Abnahme: 30 Kilo

Monikas Erfolgsrezept

Joghurtcreme mit Beerenkompott

Für 6 Personen:
3 Eier
einige Tropfen flüssiger Süßstoff
5 Blatt Gelatine
1 EL Zitronensaft
500 g fettarmer Joghurt
400 g Beerenmischung (TK)
60 g kalorienreduziertes Johannisbeergelee
1 EL Vanillezucker
Zitronenthymian zum Garnieren

1. Eier trennen, Eigelb mit Süßstoff auf dem heißen Wasserbad schaumig rühren und Eiweiß steif schlagen. Gelatine nach Packungsanweisung in kaltem Wasser einweichen, tropfnass in einen kleinen Topf geben und bei geringer Hitze auflösen.
2. Gelatine in die Eigelbmasse einrühren, mit Zitronensaft und Joghurt vermischen, Eischnee unterheben und mit Süßstoff abschmecken. Creme in eine längliche Form geben und im Kühlschrank ca. 2 Stunden erstarren lassen.
3. Beerenmischung in einem Topf bei mittlerer Hitze erwärmen, Johannisbeergelee und Vanillezucker einrühren und Kompott auskühlen lassen. Joghurtcreme stürzen, in Scheiben schneiden und mit Beerenkompott anrichten und mit Zitronenthymian garniert servieren.

Zubereitungszeit: ca. 20 Minuten
Kühlzeit: ca. 2 Stunden
Garzeit: ca. 5 Minuten
Pro Person: *POINTS*® Wert 2

Rezept: Monika W., München

Spinattaschen

Für 12 Stück:
450 g Blattspinat (TK)
6 Rechtecke Blätterteig (TK, à 75 g)
2 Zwiebeln
2 Knoblauchzehen
360 g Tatar
Salz
Pfeffer
1 TL Paprikapulver, rosenscharf
1 EL Pflanzenöl
geriebene Muskatnuss
100 ml Gemüsebrühe (1/2 TL Instant)

1. Blattspinat und Blätterteig auftauen lassen. Zwiebeln in Würfel schneiden. Knoblauch zerdrücken, mit Tatar vermengen und mit Salz, Pfeffer und Paprika würzen.
2. Öl in einer beschichteten Pfanne erhitzen, Zwiebelwürfel mit Tatar darin anbraten, Blattspinat ausdrücken, zufügen und mit Salz, Pfeffer und Muskatnuss abschmecken. Gemüsebrühe angießen und ca. 5 Minuten bei schwacher Hitze garen.
3. Blätterteigrechtecke ausrollen, zu je 2 Quadraten halbieren und Spinatmasse in die Mitte der Quadrate geben. Blätterteigquadrate diagonal zusammenklappen, Ränder mit einer Gabel andrücken und im vorgeheizten Backofen bei 200°C (Gas: Stufe 3, Umluft: 180°C) auf mittlerer Schiene ca. 15 Minuten goldgelb backen.

Zubereitungszeit: ca. 20 Minuten
Garzeit: ca. 10 Minuten
Backzeit: ca. 15 Minuten
Pro Stück: *POINTS®* Wert 4,5

4,5 POINTS WERT®

Rezept: Karina D., Hardegsen

Käse-Zwiebel-Waffeln mit Kräuter-Ricotta

Für 8 Stück:

Für den Kräuter-Ricotta:
1/2 Bund Petersilie
1 EL frischer Salbei (ersatzweise 1 TL getrockneter Salbei)
1/2 Bund Schnittlauch
250 g Ricotta, 45% Fett i.Tr.
150 g fettarmer Joghurt
1 Spritzer Limettensaft (ersatzweise Zitronensaft)
1/2 TL getrocknete Kräuter der Provence
Salz
Pfeffer

Für die Waffeln:
2 Eiweiß
4 Zwiebeln
1 Ei
250 ml fettarme Milch
180 g Mehl
1 Päckchen Backpulver
60 g geriebener Parmesan
4 EL geriebener Käse, 30% Fett i.Tr.
geriebene Muskatnuss
2 TL Pflanzenöl

1. Für den Kräuter-Ricotta Petersilie und Salbei hacken, Schnittlauch in Ringe schneiden, mit Ricotta, Joghurt, Limettensaft und Kräutern der Provence verrühren, mit Salz und Pfeffer abschmecken und ca. 15 Minuten kalt stellen.
2. Für die Waffeln Eiweiß steif schlagen und Zwiebeln sehr fein würfeln. Ei mit Milch, Mehl, Backpulver, Käse und Zwiebelwürfeln verrühren, mit Salz, Pfeffer und Muskatnuss würzen und Eischnee unterheben.
3. Waffeleisen mit einem Pinsel einfetten und nacheinander aus dem Teig 8 Waffeln backen. Käse-Zwiebel-Waffeln mit Kräuter-Ricotta servieren.

Zubereitungszeit: ca. 20 Minuten
Kühlzeit: ca. 15 Minuten
Garzeit: ca. 30 Minuten
Pro Stück: *POINTS®* Wert 4,5

4,5 POINTS WERT®

Rezept: Nadine I., Berlin

Gefüllte Apfeltaschen

Für 12 Stück:

5 mittelgroße Kartoffeln
Salz
50 g Halbfettmargarine
200 g Mehl
1 Päckchen Backpulver
75 g Speisequark, 20% Fett
4 EL Zucker
2 EL Vanillezucker
2 Äpfel
2 EL Rosinen
2 EL Puderzucker
1 EL Zitronensaft
1 TL Wasser

1. Kartoffeln in Salzwasser mit Schale kochen, abgießen, pellen, durch eine Kartoffelpresse drücken und mit Margarine vermengen. Ausgekühlte Kartoffelmasse mit 180 g Mehl, Backpulver, Quark, Zucker und Vanillezucker zu einem Teig kneten, mit restlichem Mehl bestäuben und ausrollen. 12 Kreise (Ø ca. 10 cm) ausstechen und auf ein mit Backfolie ausgelegtes Backblech legen.
2. Äpfel in feine Würfel schneiden, mit Rosinen vermischen und jeweils ca. 1 Esslöffel in die Mitte der Teigkreise geben. Teigkreise halbmondförmig zusammenklappen und an den Rändern andrücken. Apfeltaschen im vorgeheizten Backofen bei 200°C (Gas: Stufe 3, Umluft: 180°C) auf mittlerer Schiene ca. 15 Minuten backen und auskühlen lassen.
3. Puderzucker mit Zitronensaft und Wasser verrühren und die ausgekühlten Apfeltaschen damit bestreichen.

Zubereitungszeit: ca. 35 Minuten
Garzeit: ca. 25 Minuten
Backzeit: ca. 15 Minuten
Pro Stück: *POINTS*® Wert 2,5

Rezept: Gabriele K., Groß-Umstadt

Geflügel auf teuflische Art

Für 8 Personen:

2 große Zwiebeln
1 kg Putenbrust
je 2 gelbe, rote und grüne Paprikaschoten
2 Chilischoten
3 Stangen Lauch
4 TL Pflanzenöl
Salz, Pfeffer
3 Knoblauchzehen
800 g stückige Tomaten (Konserve)
1 EL Currypulver
1 EL Chilipulver
2 Lorbeerblätter
3 Fäden Safran
1/2 Stange Zimt
6 EL Mango Chutney (Fertigprodukt)
2 EL Limettensaft (ersatzweise Zitronensaft)
1,2 kg gegarter Basmati-Reis

1. Zwiebeln würfeln, Putenbrust und Paprika in Streifen schneiden, Chilischoten entkernen, in Streifen und Lauch in Ringe schneiden. Öl in einem geräumigen Topf erhitzen, Geflügelstreifen darin anbraten, mit Salz und Pfeffer würzen, aus dem Topf nehmen und beiseite stellen.
2. Zwiebeln im Bratfond anbraten, Knoblauch zerdrücken, zufügen und mit Tomaten ablöschen. Curry- und Chilipulver einstreuen, Lorbeerblätter, Safran und Zimtstange zufügen, salzen und pfeffern und ca. 15 Minuten bei schwacher Hitze köcheln lassen.
3. Paprika-, Chilistreifen und Lauchringe in die Tomatensauce geben und weitere ca. 5 Minuten köcheln lassen. Mango Chutney, Limettensaft und Putenstreifen hinzufügen, Zimtstange und Lorbeerblätter entfernen, mit Salz und Pfeffer abschmecken und mit Reis servieren.

Zubereitungszeit: ca. 45 Minuten
Garzeit: ca. 25 Minuten
Pro Person: *POINTS*® Wert 5,5

5,5 POINTS WERT®

Rezept: Gabi K., Hude

Gemüsekuchen mit Schinken

Für 12 Stück:

1 Zwiebel
1 rote Paprikaschote
1 Zucchini
1 große Karotte
90 g Halbfettmargarine
Salz, Pfeffer
2 TL Gemüsebrühepulver (Instant)
8 Scheiben gekochter Schinken, ohne Fett
3 Eier
160 g geriebener Käse, 30% Fett i.Tr.
180 g Mehl
1 Päckchen Backpulver

1. Zwiebel, Paprika, Zucchini und Karotte in Würfel schneiden. Margarine schmelzen, mit Gemüsewürfeln verrühren und mit Salz, Pfeffer und Gemüsebrühe würzen.
2. Schinken würfeln, mit Eiern, Käse und der Gemüsemischung vermischen. Mehl und Backpulver in die Masse sieben und alles zu einem glatten Teig verarbeiten.
3. Teig in eine mit Backfolie ausgelegte Springform (Ø 26 cm) füllen und im vorgeheizten Backofen bei 180°C (Gas: Stufe 2, Umluft: 160°C) auf mittlerer Schiene ca. 50 Minuten goldgelb backen.

Zubereitungszeit: ca. 20 Minuten
Backzeit: ca. 50 Minuten
Pro Stück: *POINTS*® Wert 3,5

3,5 POINTS WERT®

Rezept: Gudrun B., Rielasingen

Tipp: Dazu schmeckt ein Salat für den ***POINTS*®** Wert 0. 1 Kopfsalat in mundgerechte Stücke zupfen, 300 g Tomaten, 1 Salatgurke und 200 g Radieschen in Scheiben schneiden. Zutaten vermischen und mit einem Dressing aus 5 EL Brühe (1 Prise Instant), 2 EL Weißweinessig, 1 EL gemischten, gehackten Kräutern (TK), Salz, Pfeffer und 1 Prise Zucker servieren.

Überbackene Medaillons mit Tagliatelle und Tomatensugo

Für 8 Personen:

1,25 kg Rinderfilet
2 TL Pflanzenöl
Salz
Pfeffer
6 Zwiebeln
4 Knoblauchzehen
400 ml Rinderfond (ersatzweise Gemüsebrühe, 2 TL Instant)
1 rote Chilischote
1,2 kg stückige Tomaten (Konserve)
1 TL Zucker
2 EL Balsamicoessig
8 Tomaten
2 Bund Basilikum
240 g Frischkäse, 30% Fett i.Tr.
1 TL Dijonsenf
960 g gegarte Tagliatelle

1. Rinderfilet in 16 Medaillons schneiden. Öl in einer beschichteten Pfanne erhitzen, Medaillons salzen und pfeffern, von beiden Seiten kurz darin anbraten, herausnehmen und in eine geräumige Auflaufform (ca. 28 x 24 cm) legen.
2. Zwiebeln würfeln und Knoblauch zerdrücken, beides im Bratfond andünsten und mit Rinderfond ablöschen. Chilischote entkernen, in Streifen schneiden und mit Tomaten in einen Topf geben. Zwiebel-Rinderfond zufügen, mit Salz, Pfeffer, Zucker und Balsamicoessig würzen und ca. 30 Minuten köcheln lassen. Tomaten in Scheiben schneiden und Basilikum hacken. Frischkäse und Senf mit der Hälfte des Basilikums vermischen und mit Salz und Pfeffer abschmecken.
3. Tomatenscheiben auf die Rindermedaillons legen, mit Basilikum-Frischkäse bestreichen und im vorgeheizten Backofen auf mittlerer Schiene bei 220°C Oberhitze (Gas: Stufe 4) ca. 10 Minuten überbacken. Entstandenen Fleischsaft mit dem restlichen Basilikum und dem Tomatensugo verrühren. Rindermedaillons mit Tagliatelle und Tomatensugo servieren.

Zubereitungszeit: ca. 30 Minuten
Garzeit: ca. 35 Minuten
Backzeit: ca. 10 Minuten
Pro Person: *POINTS*® Wert 7

Rezept: Ulrike D., Münster

Chili con Pollo

Für 6 Personen:
720 g Hähnchenbrustfilet
2 rote Paprikaschoten, je 1 gelbe und grüne Paprikaschote
2 Zwiebeln
3 Knoblauchzehen
1 TL Pflanzenöl
600 g stückige Tomaten (Konserve)
300 ml Wasser
2 Beutel Fix für Chili con Carne
400 g Mais (Konserve)
1 Prise Zucker
Salz
Pfeffer
Paprikapulver
Chilipulver
Oregano zum Garnieren
6 Scheiben Vollkornbrot

1. Hähnchenbrust und Paprika würfeln, Zwiebeln fein hacken und Knoblauch zerdrücken.
2. Öl in einer beschichteten Pfanne erhitzen, Fleisch darin kräftig anbraten, Zwiebeln und Knoblauch zufügen und glasig dünsten. Tomaten und Wasser angießen, Fix für Chili con Carne einrühren, Paprikawürfel zufügen, mit einem Deckel verschließen und bei geringer Hitze ca. 15 Minuten garen.
3. Mais zufügen, kurz erwärmen und alles mit Zucker, Salz, Pfeffer, Paprika- und Chilipulver abschmecken. Chili con Pollo mit Oregano garnieren und mit Brot servieren.

Zubereitungszeit: ca. 15 Minuten
Garzeit: ca. 25 Minuten
Pro Person: *POINTS*® Wert 5,5

Rezept: Birgit H., Frankfurt a. M.

Tipp: Ein tolles Rezept für Partys oder Einladungen und gut vorzubereiten. Vervielfachen Sie einfach die Rezeptur entsprechend der Personenzahl und erwärmen Sie das Chili noch einmal kurz vor der Party.

Jägertopf Classic

Für 10 Personen:
1,2 kg mageres Schweinefleisch
5 Stangen Lauch
1,5 kg Champignons
Salz
Pfeffer
80 g geriebener Käse, 30% Fett i.Tr.
2 große Gemüsezwiebeln
160 g roher Schinken, ohne Fett
1 TL Pflanzenöl
3 Päckchen **Weight Watchers** Rahmsauce
500 g fettarmer Joghurt
2 EL Saure Sahne
10 Scheiben Bauernbrot

1. Schweinefleisch in Streifen, Lauch in Ringe, Champignons in Scheiben schneiden, zusammen in einen geräumigen Bräter oder Römertopf legen, mit Salz und Pfeffer würzen und mit Käse bestreuen.
2. Zwiebeln und Schinken würfeln. Öl in einer beschichteten Pfanne erhitzen, Zwiebel- und Schinkenwürfel darin anbraten und über der Fleisch-Lauch-Champignon-Mischung verteilen.
3. Rahmsauce mit Joghurt und Saurer Sahne verrühren, zum Jägertopf geben und im Kühlschrank über Nacht ziehen lassen. Jägertopf im vorgeheizten Backofen bei 180°C (Gas: Stufe 2, Umluft: 160°C) auf mittlerer Schiene ca. 2 Stunden mit geschlossenem Deckel garen. Jägertopf mit Salz und Pfeffer abschmecken und mit Bauernbrot servieren.

Zubereitungszeit: ca. 30 Minuten
Marinierzeit: ca. 12 Stunden
Garzeit: ca. 2 Stunden
Pro Person: *POINTS*® Wert 6,5

6,5 POINTS WERT®

Rezept: Sandra H., Herten

Gemüsestrudel

Für 8 Personen:

Für den Strudel:
260 g Mehl
Salz
1 Ei
2 EL Saure Sahne
70 g Halbfettmargarine

Für die Füllung:
250 g Kohlrabi
250 g Karotten
250 g Zucchini
2 Eier
300 g Magerquark
2 EL Magermilch
5 TL gehackte Pistazien
2 EL gehackte Petersilie
1 EL Schnittlauchringe
Pfeffer
geriebene Muskatnuss

1. 250 g Mehl auf ein Backbrett sieben, mit einer Prise Salz, Ei, Saurer Sahne und Margarine schnell zu einem glatten Teig verkneten. Teig in Folie gewickelt ca. 1 Stunde kühl stellen.
2. Kohlrabi, Karotten und Zucchini in Würfel schneiden und in reichlich kochendem Salzwasser blanchieren. Gemüse auf einem Sieb gut abtropfen lassen. 1 Ei trennen. Quark mit Milch, Ei, Eiweiß, Pistazien, Petersilie, Schnittlauch, Salz, Pfeffer und Muskatnuss verrühren und das Gemüse unterheben.
3. Teig auf einer bemehlten Fläche dünn zu einem Rechteck ausrollen, mit der Quark-Gemüse-Masse bestreichen und aufrollen. Strudel mit der Schnittfläche nach unten auf ein mit Backfolie ausgelegtes Backblech legen, mit dem restlichen Eigelb bestreichen und im vorgeheizten Backofen auf mittlerer Schiene bei 200°C (Gas: Stufe 3) ca. 30 Minuten goldgelb backen. Strudel in Scheiben schneiden und heiß servieren.

Zubereitungszeit: ca. 45 Minuten
Kühlzeit: ca. 1 Stunde
Garzeit: ca. 35 Minuten
Pro Person: *POINTS*® Wert 4,5

4,5 POINTS WERT

Rezept: Sina P., Münster

Tipp:

Die Suppe lässt sich sehr gut mit 200 g Krabben oder 160 g geräucherter Forelle variieren. Berechnen Sie dann pro Person den ***POINTS®*** Wert 1 mehr.

Kohlrabi-Petersilien-Suppe

1. Zwiebeln fein hacken und in erhitztem Pflanzenöl glasig dünsten. Kohlrabi und Kartoffeln in Würfel schneiden, zu den Zwiebeln geben, Brühe angießen und ca. 20 Minuten bei mittlerer Hitze garen.
2. Die Hälfte der Suppe beiseite stellen, den Rest mit einem Pürierstab pürieren. Schmelzkäse zugeben und unter Rühren schmelzen lassen.
3. Mit restlicher Suppe vermischen, einige Petersilienblätter beiseite legen, restliche Petersilie fein hacken, unterrühren und mit Muskatnuss, Salz und Pfeffer abschmecken. Mit Petersilie garniert servieren.

Zubereitungszeit: ca. 25 Minuten
Garzeit: ca. 20 Minuten
Pro Person: *POINTS*® Wert 4

4 POINTS WERT®

Rezept: Elke T., Flintbek

Für 4 Personen:
2 Zwiebeln
2 TL Pflanzenöl
2 Kohlrabi
800 g Kartoffeln
1 Liter Gemüsebrühe
(4 TL Instant)
150 g Kräuter-Schmelzkäse,
20–25% Fett i.Tr.
1 Bund Petersilie
(ersatzweise 1 Pck. TK)
geriebene Muskatnuss
Salz
Pfeffer

Türkischer Bulgur-Salat

Für 10 Personen:
400 g trockener Bulgur
Salz
Pfeffer
2 Bund Frühlingszwiebeln
800 g Tomaten
2 Bund Radieschen
3 Zwiebeln
3 Knoblauchzehen
5 TL Olivenöl
5 EL Zitronensaft
200 ml Gemüsebrühe
(1 TL Instant)
100 g Tomatenmark
3 EL scharfes Paprikamark (Ajvar)
1 TL Sambal Oelek
2 Bund glatte Petersilie

1. Bulgur nach Packungsanweisung ausquellen lassen, salzen und pfeffern. Frühlingszwiebeln in Ringe, Tomaten in Würfel, Radieschen in Scheiben schneiden und unter den Bulgur heben.
2. Zwiebeln würfeln und Knoblauch zerdrücken. Öl in einer beschichteten Pfanne erhitzen, Zwiebelwürfel und Knoblauch darin andünsten, mit 4 Esslöffeln Zitronensaft und Gemüsebrühe ablöschen und vom Herd nehmen.
3. Tomaten-, Paprikamark und Sambal Oelek in die Pfanne rühren, zum Bulgur-Salat geben, gut durchrühren und mit Salz, Pfeffer und restlichem Zitronensaft abschmecken. Petersilie hacken, mit dem Bulgur-Salat vermischen und servieren.

Zubereitungszeit: ca. 30 Minuten
Quellzeit: ca. 30 Minuten
Garzeit: ca. 5 Minuten
Pro Person: *POINTS*® Wert 2,5

2,5 POINTS WERT®

Rezept: Marita T., Berlin

Tipp: Sie bekommen Bulgur in jedem türkischen Lebensmittelgeschäft oder in gut sortierten Supermärkten und Naturkostläden. Paprikamark (Ajvar) bekommen Sie ebenfalls in türkischen Lebensmittelgeschäften und in gut sortierten Supermärkten.

Kartoffelsalat à la Mama

Tipp: Den Salat können Sie natürlich auch gern mit frischen Pilzen herstellen. Ergänzen Sie ihn nach Wunsch mit gehackter Petersilie und Schnittlauch.

1. Kartoffeln mit Schale in Salzwasser garen, pellen, in Scheiben schneiden, noch warm mit Brühe begießen und ca. 1 Stunde ziehen lassen.
2. Pilze und Gurken abschütten und 100 ml Gurkenwasser auffangen. Gurken und Zwiebel würfeln, Schnittlauch in Ringe schneiden, Äpfel entkernen und in Stücke schneiden. Senf mit Mayonnaise, Joghurt, Schnittlauch und Gurkenwasser verrühren und mit Salz und Pfeffer abschmecken.
3. Kartoffeln abgießen, mit Gurken, Zwiebelwürfeln, Pilzen und Apfelstücken vermischen und mit der Sauce verrühren. Kartoffelsalat nochmals abschmecken und servieren.

Zubereitungszeit: ca. 20 Minuten
Garzeit: ca. 20 Minuten
Ruhezeit: ca. 25 Minuten
Pro Person: *POINTS*® Wert 3,5

Für 8 Personen:
2 kg Kartoffeln
Salz
300 ml Gemüsebrühe
(1 1/2 TL Instant)
800 g Champignons
in Scheiben (Konserve)
360 g Gewürzgurken
(Konserve)
100 ml Gurkenwasser
1 Gemüsezwiebel
1 Bund Schnittlauch
5 Äpfel (z. B. Braeburn)
1 EL mittelscharfer
Senf
160 g Mayonnaise,
20% Fett
500 g fettarmer Joghurt
Salz
Pfeffer

Rezept: Andrea W., Kerpen

Salbeikartoffeln im Schinkenmantel

Für 12 Stück:
12 mittelgroße
Kartoffeln
Salz
200 g Sauermilchkäse
(z. B. Harzer)
2 Bund Salbei
12 Scheiben roher
Schinken, ohne Fett
2 TL Olivenöl

1. Kartoffeln mit Schale in Salzwasser kochen, auskühlen lassen und pellen. Käse in 12 Scheiben schneiden und Salbei in einzelne Blättchen zupfen.
2. Pellkartoffeln halbieren, 12 Hälften mit je 1 Scheibe Käse und je 1 Salbeiblatt belegen und mit den restlichen Hälften zusammenklappen. Salbeikartoffeln mit je 1 Schinkenscheibe umwickeln und je ein weiteres Salbeiblatt unter den Schinken schieben.
3. Salbeikartoffeln mit Öl beträufeln, auf ein mit Backfolie ausgelegtes Backblech legen und im vorgeheizten Backofen bei 200°C (Gas: Stufe 3, Umluft: 180°C) auf mittlerer Schiene ca. 10 Minuten backen.

Zubereitungszeit: ca. 25 Minuten
Garzeit: ca. 25 Minuten
Backzeit: ca. 10 Minuten
Pro Stück: *POINTS*® Wert 2

Rezept: Helga P., Kütten

Für 12 Stück:
3 Eier
240 g Mehl
Salz
2 EL Petersilie, gehackt
90 g Halbfettmargarine
6 EL Wasser

Für den Belag:
1 kg Broccoli
300 g Magerquark
125 ml fettarme Milch
100 ml Gemüsebrühe, (1/2 TL Instant)
weißer Pfeffer
2 TL Dill, gehackt
120 g Lachs, geräuchert

1. 1 Ei trennen. Mehl, 1 Teelöffel Salz, 1 Esslöffel Petersilie, Margarine, Wasser und Eigelb zu einem glatten Teig verkneten und in Folie gewickelt ca. 30 Minuten kalt stellen. Teig ausrollen und eine mit Backfolie ausgelegte Springform (Ø 28 cm) damit auslegen.

2. Für den Belag Broccoli in Röschen teilen und in kochendem Salzwasser ca. 5 Minuten garen, abgießen und Kochwasser dabei auffangen. Quark mit restlichen Eiern, übrigem Eiweiß, Milch, 100 ml Broccolikochwasser und Brühe verrühren und mit Pfeffer, Salz und Dill würzen.

3. Broccoli auf dem Teigboden verteilen, mit Lachs belegen und Quark-Eier-Milch darüber gießen. Quiche im vorgeheizten Backofen auf mittlerer Schiene bei 200°C (Gas: Stufe 3) ca. 30 Minuten backen und servieren.

Zubereitungszeit: ca. 25 Minuten
Ruhezeit: ca. 30 Minuten
Garzeit: ca. 5 Minuten
Backzeit: ca. 30 Minuten
Pro Stück: ***POINTS***® Wert 3

Rezept: Silvia K., Tönisvorst

Broccoli-Lachs-Quiche

Tipp: Die Quiche schmeckt auch sehr gut mit Spargel zubereitet.

Sauerkrautbrötchen mit Dip

Für 12 Stück:
480 g Mehl
250 ml entrahmte Milch
1 Würfel Hefe
1 Prise Zucker
50 g Halbfettmargarine
1 Prise Salz
1 Ei
100 g roher Schinken, ohne Fett
80 g gekochter Schinken, ohne Fett
100 g Sauerkraut (Konserve)

Für den Dip:
1 Knoblauchzehe
225 g Magerquark
2 EL Saure Sahne
1 Pck. Kräutermischung (TK)
Pfeffer

1. Mehl in eine Schüssel sieben. Milch erwärmen, Hefe hineinbröckeln, Zucker hinzufügen und ca. 10 Minuten gehen lassen. Margarine, Salz, Ei und Hefeansatz zum Mehl geben, gut verkneten und abgedeckt ca. 25 Minuten an einem warmen Ort gehen lassen.
2. Schinken in kleine Würfel schneiden und mit dem Sauerkraut vermengen. Teig ausrollen, in 12 Stücke schneiden und Sauerkrautfüllung jeweils in die Mitte setzen. 12 kleine Brötchen formen, auf ein mit Backfolie ausgelegtes Backblech legen und im vorgeheizten Backofen auf der mittleren Schiene bei 180°C (Gas: Stufe 2) ca. 30 Minuten backen.
3. Für den Dip Knoblauchzehe klein hacken, mit Quark, Saurer Sahne und Kräutern verrühren, mit Salz und Pfeffer abschmecken und zu den lauwarmen Sauerkrautbrötchen servieren.

Zubereitungszeit: ca. 25 Minuten
Ruhezeit: ca. 35 Minuten
Backzeit: ca. 30 Minuten
Pro Stück: *POINTS*® Wert 3,5

Rezept: Claudia D., Bonn

Bunter Bohnen-Salat mit Minzdressing

Für 10 Personen:
500 g grüne Bohnen
Salz
5 rote Zwiebeln
je 3 gelbe und 3 rote Paprikaschoten
800 g Cocktailtomaten
10 schwarze Oliven, ohne Kern
2 Salatgurken
Salz
Pfeffer
2 Knoblauchzehen
1 Bund Petersilie
1/2 Bund Minze
300 g Joghurt, 3,5% Fett
3 EL Gemüsebrühe (1 Prise Instant)
2 EL Zitronensaft
1/2 TL Zucker

1. Bohnen in kochendem Salzwasser ca. 8-10 Minuten garen, abgießen und auskühlen lassen. Zwiebeln und Paprika in Streifen schneiden. Tomaten und Oliven halbieren, Gurken längs vierteln, entkernen und in Scheiben schneiden.
2. Gemüse in einer Schüssel vermengen, salzen und pfeffern. Knoblauch zerdrücken, Petersilie und Minze hacken, mit Joghurt, Brühe und Zitronensaft verrühren und mit Salz, Zucker und Pfeffer abschmecken. Dressing erst kurz vor dem Servieren unterheben.

Zubereitungszeit: ca. 30 Minuten
Garzeit: ca. 10 Minuten
Pro Person: *POINTS*® Wert 1

Rezept: Elke B., Lauf

Tipp:

Sie wollen den Salat als komplette Mahlzeit essen? Dann genießen Sie die Hälfte des Salates für den ***POINTS***® Wert 5.

Leichte Ananasrolle

Für 14 Stück:
4 Eier
4 EL Wasser
100 g Zucker
2 Päckchen Vanillezucker
1 Prise Salz
50 g Mehl
50 g Stärkemehl
1 TL Backpulver
2 EL Kakaopulver, ohne Zucker

Für die Füllung:
250 g Ananasstücke (Konserve ohne Zucker)
2 EL Orangenlikör
150 g Frischkäse, 30% Fett i.Tr.
65 ml fettarme Milch
2 EL Zitronensaft
einige Tropfen flüssiger Süßstoff
2 TL Puderzucker

1. Eier trennen. Eigelb mit Wasser, Zucker und Vanillezucker cremig rühren. Eiweiß mit Salz steif schlagen. Mehl mit Stärkemehl, Backpulver und Kakao mischen, sieben und unter die Eigelbcreme heben. Teig auf ein mit Backfolie ausgelegtes Backblech geben und im vorgeheizten Backofen bei 200°C (Gas: Stufe 3) auf mittlerer Schiene ca. 12 Minuten backen. Biskuit auf ein Küchentuch stürzen, aufrollen und abkühlen lassen.

2. Für die Füllung Ananasstücke mit Orangenlikör pürieren. Frischkäse mit Milch und Zitronensaft glatt rühren und mit Süßstoff abschmecken. Biskuit vom Tuch abrollen, mit Ananaspüree bestreichen und Frischkäsecreme darauf verteilen. Biskuit wieder aufrollen, kalt stellen und mit Puderzucker bestäubt servieren.

Zubereitungszeit: ca. 25 Minuten
Backzeit: ca. 12 Minuten
Pro Stück: *POINTS*® Wert 2,5

2,5 POINTS WERT®

Rezept: Deborah S., Frankfurt

Käsekuchen ohne Boden

Für 12 Stück:
4 Eier
1 kg Quark, 20% Fett
2 EL Vanillepuddingpulver
1 EL Vanillezucker
5 EL Zucker
einige Tropfen flüssiger Süßstoff
2 EL Paniermehl

1. Eier trennen und Eiweiß steif schlagen. Quark in einem Küchentuch ausdrücken, mit Eigelb, Puddingpulver, Vanillezucker und Zucker verrühren und Eischnee unterheben. Masse mit Süßstoff abschmecken.

2. Springform (Ø 26 cm) mit Backfolie auslegen und auf den Boden Paniermehl streuen. Kuchenmasse in die Springform füllen und Kuchen im vorgeheizten Backofen bei 180°C (Gas: Stufe 2, Umluft: 160°C) auf mittlerer Schiene ca. 45 Minuten backen.

Zubereitungszeit: ca. 20 Minuten
Backzeit: ca. 45 Minuten
Pro Stück: *POINTS*® Wert 3

3 POINTS WERT®

Rezept: Gabriele M., Großfischlingen

Tipp:

Eiweiß sollte in einer gut gespülten, trockenen Schüssel aufgeschlagen werden. Eine Prise Salz lässt den Eischnee steifer werden. Dekorieren Sie den Kuchen mit Mandarinenspalten (Konserve ohne Zucker) oder Orangenfilets.

Register

Register
nach Alphabet

A
Ananasrolle, leichte . . . 148
Apfeltaschen, gefüllte . . . 136
Apple Crumble . . . 80
Artischocken in Tomatensauce 30
Asiatisches Gemüse . . . 42
Auberginen, gefüllte . . . 93
Avocado-Sandwich . . . 46

B
Blumenkohl-Käse-Suppe . . . 57
Bohneneintopf, grüner . . . 63
Bohnen-Salat mit Minzdressing, bunter . . . 147
Broccoli-Lachs-Quiche . . . 145
Bulgur-Salat, türkischer . . . 143
Bulgur-Tatar-Küchle . . . 18
Bürosalat . . . 22

C
Cannelloni, gefüllte . . . 76
Cappuccino-Creme . . . 29
Champignons »Barcelona« . . . 23
Chickenburger . . . 25
Chicken-Nuggets mit Risi Bisi . 99
Chili con Pollo . . . 139
Corn Chowder . . . 79
Curryrahmsuppe mit Huhn . . 103
Curry-Rahm-Suppe, fruchtige . 56

D
DEE's Burger spezial . . . 114
Dips, verschiedene . . . 131

E
Enchilada mit Salat, überbackene . . . 17
Erdnuss-Karotten-Suppe . . . 19

F
Filetto Delizioso . . . 77
Filettopf »süß-scharf« . . . 96
Fisch-Gemüse-Spieße . . . 113
Fisch-Kartoffel-Karotten-Gratin . . . 113
Fruchtige Curryrahmsuppe . . . 56

G
Garnelenkuchen, knuspriger . 127
Gebratene Hähnchenbrust mit Rucola-Pesto . . . 89

Geflügel auf teuflische Art 137
Geflügel-Frikadellen 123
Gefüllte Apfeltaschen 136
Gefüllte Auberginen 93
Gefüllte Cannelloni 76
Gemüse, asiatisches 42
Gemüsekuchen mit Schinken 137
Gemüselasagne 100
Gemüse-Muffins 126
Gemüsestrudel 141
Gemüsetortilla 71
Griechischer Nudelsalat 128
Grüner Bohneneintopf 63

H

Hähnchenbrust mit Curry-Joghurt-Kruste 57
Hähnchenbrust mit Rucola-Pesto, gebratene 89
Hähnchen-Fajitas 73
Hähnchen-Nudelpfanne, scharfe 106
Hähnchen-Zucchini-Pfanne mit Reis 27
Hefeklöße mit Heidelbeeren 109
Himbeereis 80
Honig-Tatar-Sesam-Kugeln, herzhafte 130
Honig-Ziegenkäse mit Paprikasalat, überbackener 69
Hühnerfrikassee, schnelles 22

I

Indische Tomaten-Zwiebel-Pfanne 52

J

Jägertopf Classic 140
Joghurtcreme mit Beerenkompott 133

K

Kabeljau mit Tomaten und Champignons 105
Kalbsmedaillons mit Ratatouille-Gemüse 75
Kartoffeln in Kräutersauce 32
Kartoffelpizzen mit Fetacreme und Rucola 115
Kartoffelsalat à la Mama 144
Käsedips mit Rohkost 45
Käsekuchen ohne Boden 148
Käse-Zwiebel-Waffeln mit Kräuter-Ricotta 134
Kohlrabi-Petersilien-Suppe 143
Kohlrabi-Rösti mit Lachscreme 64

L

Lachsnudeln mit Spargel 46
Lammkoteletts mit Tomatengemüse 66
Lauchkuchen 111

M

Mailänder Schinkenauflauf 99
Mango-Puten-Toasts 45
Medaillons mit Tagliatelle und Tomatensugo, überbackene 138
Mie-Nudel-Pfanne 21
Moussaka 110

N

Nudelpfanne mit Spinat 19
Nudelsalat, griechischer 128
Nussecken 120

O

Ofengemüse mit Ziegenfrischkäse 72
Olivenaufstrich 39
Orangecake 116

P

Paella 88
Paprika-Gemüse mit Krabben 26
Paprika mit Fisch-Reis-Füllung 33
Paprikaschnitzel 40
Penne mit Chili-Garnelen 55
Pesto-Salat »Insalata Tricolore« 61
Pfefferfilet Rosé mit Spinat 50
Pfifferlingspfanne 38
Pizza-Brötchen 125
Powersalat 78
Putenbraten mit Tomatenreis 106
Puten-Gemüse-Pfanne mit Erdnusscreme 65
Putengeschnetzeltes mit Sellerie und Apfel 36
Putenrouladen, pikante 84
Puten-Tortilla 31

R

Reistarte mit Aprikosen 92
Rotbarschfilet mit Paprikarahm 42
Rouladen mit Schafskäsefüllung 60

S

Salbeikartoffeln im Schinkenmantel 144
Salsa-Suppe 34
Sauerkrautbrötchen mit Dip 147
Schinkenauflauf, Mailänder 99
Schmetterlingsnudeln mit Krabben und Lauchsauce 64
Schollen-Lachsröllchen mit Zitronensauce 53
Schwarzwälder-Kirsch-Muffins 116
Spaghetti-Champignon-Auflauf 102
Spaghetti mit Zucchini-Hackfleisch-Sauce 93
Spaghetti pomodoro e aglio 41
Spinat-Lachs-Kartoffelauflauf 94
Spinattaschen 134
Steinpilz-Crostini 68

T

Tagliatelle mit grünem Spargel 58
Tarte Tatar 123
Tiramisu, schlankes 120
Tomaten-Paprika-Cremesuppe 128
Tomaten-Risotto 75
Tomaten-Zwiebel-Pfanne, indische 52
Tortellini-Salat 110
Tunfischbrötchen nach Pizza-Art 35
Tunfisch-Frikadellen 130
Tunfisch-Lasagne 61
Türkischer Bulgur-Salat 143

U

Überbackene Medaillons mit Tagliatelle und Tomatensugo 138
Überbackener Honig-Ziegenkäse mit Paprika-Salat 69

W

Würstchenpfanne 88

Z

Zartweizen-Curry-Salat 68
Zimtnudeln mit Pflaumenkompott 31
Zitronenhuhn mit Knoblauch und Fenchel-Orangen-Salat 91
Zucchinicremesuppe 105
Zucchini mit Ingwer-Karottenfüllung 100
Zucchini-Salbei-Suppe 79
Zwiebelkuchen 87

Register
nach Kategorie

Suppen

Blumenkohl-Käse-Suppe 57
Curryrahmsuppe mit Huhn 103
Erdnuss-Karotten-Suppe 19
Fruchtige Curry-Rahm-Suppe 56
Kohlrabi-Petersilien-Suppe 143
Salsa-Suppe 34
Tomaten-Paprika-Cremesuppe 128
Zucchinicremesuppe 105
Zucchini-Salbei-Suppe 79

Salate

Bunter Bohnen-Salat mit Minzdressing 147
Bürosalat 22
Griechischer Nudelsalat 128
Kartoffelsalat à la Mama 144
Pesto-Salat »Insalata Tricolore« 61
Powersalat 78
Tortellini-Salat 110
Überbackener Honig-Ziegenkäse mit Paprikasalat 69
Zartweizen-Curry-Salat 68
Zitronenhuhn mit Knochlauch und Fenchel-Orangen-Salat 91

Snacks

Avocado-Sandwich 46
Käsedips mit Rohkost 45
Käse-Zwiebel-Waffeln mit Kräuter-Risotto 134
Mango-Puten-Toasts 45
Olivenaufstrich 39
Pizza-Brötchen 125
Sauerkrautbrötchen mit Dip 147
Steinpilz-Crostini 68
Tunfischbrötchen nach Pizza-Art 35
Verschiedene Dips 131
Zwiebelkuchen 87

Kartoffeln

Corn Chowder 79
Fisch-Kartoffel-Karotten-Gratin 113
Gemüsetortilla 71
Kartoffeln in Kräutersauce 32
Kartoffelpizzen mit Fetacreme und Rucola 115
Moussaka 110
Salbeikartoffeln in Schinkenmantel 144
Spinat-Lachs-Kartoffelauflauf 94

Nudeln

Gefüllte Cannelloni 76
Gemüselasagne 100
Griechischer Nudelsalat 128
Lachsnudeln mit Spargel 46
Mailänder Schinkenauflauf 99
Mie-Nudel-Pfanne 21

Nudelpfanne mit Spinat 19
Penne mit Chili-Garnelen 55
Scharfe Hähnchen-Nudelpfanne 106
Schmetterlingsnudeln mit Krabben und Lauchsauce 64
Spaghetti-Champignon-Auflauf 102
Spaghetti mit Zucchini-Hackfleisch-Sauce 93
Spaghetti pomodoro e aglio 41
Tagliatelle mit grünem Spargel 58
Tunfisch-Lasagne 61
Überbackene Medaillons mit Tagliatelle und Tomatensugo 138
Zimtnudeln mit Pflaumenkompott 31

Reis

Chicken-Nuggets mit Risi-Bisi 99
Hähnchen-Zucchini-Pfanne mit Reis 27
Paella 88
Paprika mit Fisch-Reis-Füllung 33
Putenbraten mit Tomatenreis 106
Tomaten-Risotto 75

Geflügel

Chickenburger 25
Chicken-Nuggets mit Risi-Bisi 99
Chili con Pollo 139
Corn Chowder 79
Filettopf »süß-scharf« 96
Gebratene Hähnchenbrust mit Rucola-Pesto 89
Geflügel auf teuflische Art 137
Geflügel-Frikadellen 123
Hähnchenbrust mit Curry-Joghurt-Kruste 57
Hähnchen-Fajitas 73
Hähnchen-Zucchini-Pfanne mit Reis 27
Mango-Puten-Toasts 45
Pikante Putenrouladen 84
Putenbraten mit Tomatenreis 106
Puten-Gemüse-Pfanne mit Erdnusscreme 65
Putengeschnetzeltes mit Sellerie und Apfel 36
Puten-Tortilla 31
Scharfe Hähnchen-Nudelpfanne 106
Schnelles Hühnerfrikassee 22
Zitronenhuhn mit Knoblauch und Fenchel-Orangen-Salat 91

Fleisch

Bulgur-Tatar-Küchle 18
DEE's Burger spezial 114
Herzhafte Honig-Tatar-Sesam-Kugeln 130
Jägertopf Classic 140
Kalbsmedaillons mit Ratatouille-Gemüse 75
Lammkoteletts mit Tomatengemüse 66
Mailänder Schinkenauflauf 99
Paprikaschnitzel 40
Pfefferfilet Rosé mit Spinat 50
Rouladen mit Schafskäsefüllung 60
Salbeikartoffeln im Schinkenmantel 144
Spaghetti mit Zucchini-Hackfleisch-Sauce 93
Tarte Tatar 123
Überbackene Enchilada mit Salat 17
Überbackene Medaillons mit Tagliatelle und Tomatensugo 138
Würstchenpfanne 88

Fisch/Meeresfrüchte

Broccoli-Lachs-Quiche 145
Filetto Delizioso 77
Fisch-Gemüse-Spieße 113
Fisch-Kartoffel-Karotten-Gratin 113
Kabeljau mit Tomaten und Champignons 105
Kohlrabi-Rösti mit Lachscreme 64
Knuspriger Garnelenkuchen 127
Lachsnudeln mit Spargel 46
Paella 88
Paprika mit Fisch-Reis-Füllung 33
Paprika-Gemüse mit Krabben 26
Penne mit Chili-Garnelen 55
Rotbarschfilet mit Paprikarahm 42
Schmetterlingsnudeln mit Krabben und Lauchsauce 64
Schollen-Lachsröllchen mit Zitronensauce 53
Spinat-Lachs-Kartoffelauflauf 94
Tunfischbrötchen nach Pizza-Art 35
Tunfisch-Frikadellen 130
Tunfisch-Lasagne 61

Vegetarische Gerichte

Asiatisches Gemüse 42
Champignons »Barcelona« 23
Gemüselasagne 100
Gemüse-Muffins 126
Gemüsetortilla 71
Indische Tomaten-Zwiebel-Pfanne 52
Moussaka 110
Nudelpfanne mit Spinat 19
Ofengemüse mit Ziegenfrischkäse 72
Pfifferlingspfanne 38
Reistarte mit Aprikosen 92
Spaghetti pomodoro e aglio 41
Steinpilz-Crostini 68
Tagliatelle mit grünem Spargel 58
Tomaten-Risotto 75
Überbackener Honig-Ziegenkäse mit Paprikasalat 69
Zucchini mit Ingwer-Karottenfüllung 100

Gemüse

Artischocken in Tomatensauce 30
Asiatisches Gemüse 42
Broccoli-Lachs-Quiche 145
Fisch-Gemüse-Spieße 113
Gefüllte Auberginen 93
Gemüsekuchen mit Schinken 137
Gemüselasagne 100
Gemüse-Muffins 126
Gemüsestrudel 141
Gemüsetortilla 71
Grüner Bohneneintopf 63
Indische Tomaten-Zwiebel-Pfanne 52
Kabeljau mit Tomaten und Champignons 105
Kohlrabi-Rösti mit Lachscreme 64
Lammkoteletts mit Tomatengemüse 66
Lauchkuchen 111
Ofengemüse mit Ziegenfrischkäse 72
Paprika-Gemüse mit Krabben 26
Pfefferfilet Rosé mit Spinat 50
Pfifferlingspfanne 38
Puten-Gemüse-Pfanne mit Erdnusscreme 65
Putengeschnetzeltes mit Sellerie und Apfel 36
Spaghetti-Champignon-Auflauf 102
Spinattaschen 134
Tagliatelle mit grünem Spargel 58
Tomaten-Risotto 75
Zucchini mit Ingwer-Karottenfüllung 100

Desserts

Apple Crumble 80
Cappuccino-Creme 29
Gefüllte Apfeltaschen 136
Hefeklöße mit Heidelbeeren 109
Himbeereis 80
Joghurtcreme mit Beerenkompott 133
Käsekuchen ohne Boden 148
Leichte Ananasrolle 148
Nussecken 120
Orangecake 116
Reistarte mit Aprikosen 92
Schlankes Tiramisu 120
Schwarzwälder-Kirsch-Muffins 116
Zimtnudeln mit Pflaumenkompott 31

Register nach *POINTS®* Wert

1 POINTS WERT

Bohnen-Salat mit Minzdressing, bunter ... 147
Himbeereis ... 80
Honig-Tatar-Sesam-Kugeln, herzhafte ... 130
Tomaten-Paprika-Cremesuppe 128

1,5 POINTS WERT

Dips, verschiedene ... 131
Geflügel-Frikadellen ... 123
Salsa-Suppe ... 34
Steinpilz-Crostini ... 68
Tunfisch-Frikadellen ... 130

2 POINTS WERT

Joghurtcreme mit Beerenkompott ... 133
Salbeikartoffeln im Schinkenmantel ... 144

2,5 POINTS WERT

Ananasrolle, leichte ... 148
Apfeltaschen, gefüllte ... 136
Blumenkohl-Käse-Suppe ... 57
Bulgur-Salat, türkischer ... 143
Gemüse, asiatisches ... 42
Reistarte mit Aprikosen ... 92

3 POINTS WERT

Broccoli-Lachs-Quiche ... 145
Fisch-Gemüse-Spieße ... 113
Gemüse-Muffins ... 126
Hefeklöße mit Heidelbeeren ... 109
Käsekuchen ohne Boden ... 148
Käsedips mit Rohkost
– Tomaten-Mozzarella-Dip ... 45
Pizza-Brötchen ... 125
Powersalat ... 78
Tarte Tatar ... 123
Zucchini-Salbei-Suppe ... 79

3,5 POINTS WERT

Gemüsekuchen mit Schinken 137
Kalbsmedaillons mit Ratatouille-Gemüse 75
Kartoffelsalat à la Mama 144
Olivenaufstrich 39
Orangencake 116
Sauerkrautbrötchen mit Dip 147
Schwarzwälder-Kirsch-Muffins 116

4 POINTS WERT

Champignons »Barcelona« 23
DEE's Burger spezial 114
Hähnchenbrust mit Rucola-Pesto, gebratene 89
Käsedips mit Rohkost – Blauschimmel-Dip 45
Kohlrabi-Petersilien-Suppe 143
Lauchkuchen 111
Tagliatelle mit grünem Spargel 58

4,5 POINTS WERT

Bohneneintopf, grüner 63
Curry-Rahm-Suppe, fruchtige 56
Gemüsestrudel 141
Hähnchenbrust mit Curry-Joghurt-Kruste 57
Käse-Zwiebel-Waffeln mit Kräuter-Ricotta 134
Spinattaschen 134
Tomaten-Zwiebel-Pfanne, indische 52
Zucchinicremesuppe 105

5 POINTS WERT

Apple Crumble 80
Auberginen, gefüllte 93
Corn Chowder 79
Erdnuss-Karotten-Suppe 19
Kabeljau mit Tomaten und Champignons 105
Mango-Puten-Toasts 45
Nudelsalat, griechischer 128
Nussecken 120
Paprikaschnitzel 40
Puten-Tortilla 31
Tiramisu, schlankes 120
Würstchenpfanne 88
Zucchini mit Ingwer-Karottenfüllung 100

5,5 POINTS WERT

Bulgur-Tatar-Küchle 18
Cannelloni, gefüllte 76
Cappuccino-Creme 29
Chickenburger 25
Chili con Pollo 139
Filetto Delizioso 77
Fisch-Kartoffel-Karotten-Gratin 113
Geflügel auf teuflische Art 137
Hähnchen-Fajitas 73
Kartoffeln in Kräutersauce 32
Kohlrabi-Rösti mit Lachscreme 64
Lammkoteletts mit Tomatengemüse 66
Nudelpfanne mit Spinat 19
Paprika mit Fisch-Reis-Füllung 33
Paprika-Gemüse mit Krabben 26
Putengeschnetzeltes mit Sellerie und Apfel 36
Spaghetti mit Zucchini-Hackfleisch-Sauce 93
Tunfischbrötchen nach Pizza-Art 35
Zimtnudeln mit Pflaumenkompott 31

6 POINTS WERT

Curryrahmsuppe mit Huhn 103
Filettopf »süß-scharf« 96
Gemüsetortilla 71
Hähnchen-Nudelpfanne, scharfe 106
Hähnchen-Zucchini-Pfanne mit Reis 27
Mie-Nudel-Pfanne 21
Pfifferlingspfanne 38
Putenrouladen, pikante 84
Putenbraten mit Tomatenreis 106
Puten-Gemüse-Pfanne mit Erdnusscreme 65
Schollen-Lachsröllchen mit Zitronensauce 53
Spaghetti pomodoro e aglio 41
Tomaten-Risotto 75
Zwiebelkuchen 87

6,5 POINTS WERT

Garnelenkuchen, knuspriger 127
Hühnerfrikassee, schnelles 22
Jägertopf Classic 140
Mailänder Schinkenauflauf 99
Moussaka 110
Ofengemüse mit Ziegenfrischkäse 72
Rotbarschfilet mit Paprikarahm 42
Tortellini-Salat 110
Zitronenhuhn mit Knoblauch und Fenchel-Orangen-Salat 91

7 POINTS WERT

Bürosalat 22
Enchilada mit Salat, überbackene 17
Honig-Ziegenkäse mit Paprikasalat, überbackener 69
Kartoffelpizzen mit Fetacreme und Rucola 115
Medaillons mit Tagliatelle und Tomatensugo, überbackene 138
Paella 88
Penne mit Chili-Garnelen 55
Pesto-Salat »Insalata Tricolore« 61
Pfefferfilet Rosé mit Spinat 50
Schmetterlingsnudeln mit Krabben und Lauchsauce 64
Tunfisch-Lasagne 61
Zartweizen-Curry-Salat 68

7,5 POINTS WERT

Artischocken in Tomatensauce 30
Chicken-Nuggets mit Risi Bisi 99
Gemüselasagne 100
Lachsnudeln mit Spargel 46
Spaghetti-Champignon-Auflauf 102
Spinat-Lachs-Kartoffelauflauf 94

8 POINTS WERT

Rouladen mit Schafskäsefüllung 60

8,5 POINTS WERT

Avocado-Sandwich 46

3. Auflage

Bildnachweis:
The Food Professionals Köhnen GmbH, Sprockhövel
FoodCentrale, Hamburg
photodisc
Image 100
imagesource
ImageState
Stockbyte

Umwelthinweis:
Dieses Buch wurde auf chlor- und
säurefreiem Papier gedruckt.

Redaktion und Projektleitung *Weight Watchers*:
Ute Gerwig und Julia Peetz

Rezeptentwicklung und Rezeptfotos:
The Food Professionals Köhnen GmbH, Sprockhövel

Umschlaggestaltung:
Niehaus Komossa AG, Düsseldorf

Umschlagfoto:
FoodCentrale, Hamburg

Gestaltung und Satz:
Niehaus Komossa AG, Düsseldorf

Druck und Bindung:
Ernst Uhl GmbH & CoKG, Radolfzell
Printed in Germany 2005

ISBN -10: 3-453-12046-9
ISBN -13: 978-3-453-12046-4

Gutschein

Besuchen Sie eine Schnupperstunde und sparen Sie € 15,– Anmeldegebühr

Testen Sie uns und finden Sie selbst in einem **Weight Watchers** Treffen in Ihrer Nähe heraus, welche Vorteile Ihnen unser Ernährungskonzept bietet. Wir informieren Sie gern in einer Schnupperstunde über unser Programm. Dort erhalten Sie Infomaterial zum Ausprobieren.

Möchten Sie direkt starten, zahlen Sie nur € 9,95 und wir schenken Ihnen die Anmeldegebühr von € 15,–.

Wo in Ihrer Nähe ein Treffen stattfindet, erfahren Sie im Internet unter: **www.weightwatchers.de** oder unter unserer **Hotline: 018 02. 23 45 64**
(nur € 0,06 pro Gespräch)

Gültig bis 30. 06. 2006

Code 32